Paul Remer

# Das Buch der Sehnsucht

*Eine Sammlung deutscher Frauendichtung*

Paul Remer

**Das Buch der Sehnsucht**

Eine Sammlung deutscher Frauendichtung

ISBN/EAN: 9783959130226

Auflage: 1

Erscheinungsjahr: 2016

Erscheinungsort: Treuchtlingen, Deutschland

# Das Buch der Sehnsucht

## Eine Sammlung
## deutscher Frauendichtung

Eingeleitet und herausgegeben

von

Paul Remer

Verlegt bei Schuster & Loeffler
Berlin und Leipzig 1900

Meiner Martha
zu eigen

# Frauensehnsucht
## und Frauendichtung

Zwei Fragen bewegen unsere Zeit und geben ihr den neuen, in die Zukunft weisenden Inhalt: die Arbeiter- und die Frauenfrage. Der vierte und fünfte Stand, Arbeiter und Frau, sind zu gleicher Zeit erwacht und steigen aus ihrer Dunkelheit empor. Schulter an Schulter kämpfen sie oft um ihre Freiheit — ringen sie nach ihrem Menschsein.

Der fremde feindselige Zuschauer sieht meist nur die äußere Bewegung, den politischen Interessenkampf um freiere, günstigere Lebensbedingungen. Doch diese äußere Bewegung setzt notwendig eine innere Bewegung voraus, einen tiefgehenden Seelenkampf, an dem kein hoher und freier Geist unserer Zeit mehr vorübergehen kann. Im

9

Arbeiter wie in der Frau ist der Mensch erwacht, die selbständige Persönlichkeit, und sie lehnt sich auf gegen den Zwang und sehnt sich nach der Freiheit, um in ihr sich ganz entfalten zu können.

Im Weibe ist der Mensch geboren, und er ist unter Schmerz und Qual geboren. Eine jahrtausendalte Sitte mußte die Frau überwinden, bevor sie den Weg zu sich selber fand. Sie hatte nicht nur gegen äußeren Zwang zu kämpfen, sondern vor allem gegen inneren Zwang. Die schlimmste Feindschaft gegen das Neue, das in ihr werden wollte, trug sie in sich selbst: den Zwang ihres Blutes, der sie immer wieder unter die Herrscherhand des Mannes beugte. Sie konnte ihren Sieg schon errungen haben, und die erste Stunde der Leidenschaft zwang sie wieder zur Magd des Mannes. Sie fand die schwere große Aufgabe vor sich, ihr neues Menschsein mit den Forderungen ihrer Natur in Einklang zu bringen.

Die Kultur der Frau entfernt sich wohl, wie alle Kultur in ihren Anfängen, von der Natur, die von dem erwachenden Geist als roh und barbarisch empfunden wird. Doch in ihrer höchsten Vollendung strebt sie wieder danach, Natur zu werden, eine reine keusche geläuterte Natur. Wir können nicht Menschen sein wider die Natur — wir werden erst Menschen, indem wir ihrem geheimsten Drängen folgen und ihre ewigen Gebote in Keuschheit und Reinheit erfüllen.

Das eigene Geistesleben der Frau — ihre Kultur — beginnt erst um die Mitte des vorigen Jahrhunderts. Die ersten Regungen fallen in die Zeit der Romantik, die das schrankenlose Recht der Persönlichkeit predigt und damit einen erlösenden Einfluß auch auf die Frau ausübt. Die revolutionäre Literatur des jungen Deutschlands setzt in den dreißiger und vierziger Jahren das Werk der Befreiung fort.

Bis dahin war die Frau, von wenigen Ausnahmenaturen abgesehn, Gattin und Mutter, die allein vom Mann ihren Schmerz und ihre Freude, ihren Lebenswert und Lebensinhalt empfing. Ihr Haus war ihre Welt, sehr oft eine kleine enge Gefängniswelt, in der ferne von Licht und Sonne ihre Seele verkümmern mußte. Für den Mann war sie die Geliebte und, wenn er höher dachte, die Mutter seiner Kinder — von dem Menschen in ihr wußte er nichts, wußte sie selbst nichts. Die großen geistigen Erdbeben, die das Jahr-

11

hundert erschütterten, brachten auch der Frau das Erwachen, zwangen sie zur Erkenntnis der unwürdigen Abhängigkeit, in der sie dumpf und thatenlos hindämmerte.

Da draußen wogte und lockte das große vielgestaltige Leben — und sie war an Wiege und Ehegemach gefesselt. Da draußen konnte der Mann seinen Willen entfalten und seine Kraft bethätigen — sie war in der Enge des Hauses ein willenloses Weib, das Menschen empfing und gebar, aber nicht selber Mensch sein durfte. Eine große Sehnsucht kam über die Frau, da draußen mitzuthun und ihr Leben der eigenen Kraft zu danken, anstatt es vom Manne als Gnadengeschenk zu erhalten. Sie wollte neben dem Mann stehn, nicht mehr unter ihm; sie wollte Gattin und Mutter bleiben, zugleich aber Mensch von eigenen Gnaden sein.

Aus solcher Sehnsucht heraus empfing und gestaltete Ibsen seine „Nora" und die lange Reihe seiner wundersamen Frauengestalten. Aus solcher Sehnsucht entsprang die Frauenliteratur um die Mitte des Jahrhunderts in allen Kulturländern.

\*    \*    \*

Die deutsche Frauenliteratur weist heute bereits in Roman, Drama und Lyrik achtunggebietende Schöpfungen auf. Sie spiegelt den großen kulturgeschichtlichen Kampf der Frau um ihr freies Menschsein wieder — am reinsten vielleicht in der Lyrik, die ausschließlich und losgelöst von plumper Körperlichkeit das Gefühlsleben eines Menschen an's Licht hebt.

Die Frau gelangt zu einer eigenen reinen Lyrik verhältnismäßig spät. Das mag seltsam erscheinen, da doch das Leben des Weibes vorzugsweise im Gefühl wurzelt. Aber zum lyrischen Schaffen gehört (wie Ella Mensch in ihrer Schrift „Die Frau in der modernen Literatur" mit feinem Verständnis bemerkt) „nicht nur ein gesteigertes Maß des Empfindungslebens, sondern auch wiederum die Gabe der Sammlung, die den ausgetretenen Strom in sein Bette zurückzuführen weiß." Diese Gabe der Sammlung, der kraftvollen Verdichtung des wogenden Gefühls zum anschaulichen Bilde, fehlte zunächst der Frau und konnte ihr erst erwachsen aus einem höher entwickelten Persönlichkeitsgefühl. „Die lyrische Dichterin erwachte erst, als die weibliche Psyche ihre Schwingen freier zu entfalten beginnt."

13

Vor allem drängte es die Frau zum Roman hin. Die epische Erzählung war die Kunstform, in der sie sich wohl fühlte, in der sie sich am freiesten und zwanglosesten bewegte. Sie war aus der Enge ihres Hauses ins Leben hinausgetreten, und naturgemäß gab sie sich zunächst dem Leben hin, anstatt es in sich zu empfangen und aus ihrem Eigenwesen heraus neu zu gebären. Sie sah die Welt und erzählte von ihren Wundern ungefähr wie ein Kind, das seine erste Reise gethan hat. Erst auf der zweiten Stufe ihrer Entwicklung vermochte sie sich dem Leben als Persönlichkeit gegenüberzustellen, gewann sie das Bewußtsein ihres Ichs, schuf sie sich ihr Weltall für sich, und erst damit war der Boden für eine eigene Lyrik gegeben.

Der Gang der Entwicklung führte die Frau aus der Enge ihres Hauses ins Leben hinaus, wo sie eine gewisse äußere Freiheit errang, und darauf kehrte sie aus der Außenwelt zurück in ihre Seele, wo sie das Bedeutsamste, ihre innere Freiheit, fand. Die Frau mußte schon eine große innere Freiheit sich erkämpft haben, bevor sie den sittlichen Mut und die schöpferische Kraft besaß, ihr Gefühlsleben in der Lyrik ganz ohne Rest auszugeben — bloßzustellen.

14

Deutschlands erste hervorragende Dichterin, Annette von Droste-Hülshoff, besaß diesen Mut noch nicht. Sie ging vielmehr allen Äußerungen des eigenen Gefühls mit einer fast ängstlichen Scheu aus dem Wege. Das war keine Beschränktheit ihres Denkens und Fühlens; die tiefe zarte Keuschheit des Weibes schloß ihr den Mund und ließ sie schweigen über die Kämpfe und Schmerzen ihres Innenlebens. In ihrer großen, nach Wahrheit und Erkenntnis ringenden Seele war schon das Neue lebendig; aber sie empfand es als eine feindselige Macht, als einen Dämon, der die Reinheit und Keuschheit ihrer Weibnatur anzutasten drohte. Die Aristokratin und gläubige Katholikin hatte Furcht vor sich selbst, vor den neuen fremden Gewalten, die aus der revolutionär erregten Zeit den Weg auch zu ihr gefunden hatten. Sie kämpfte das Neue, das in ihr sich erheben wollte, mit der ganzen schweigenden Kraft ihres einsamen Frauenherzens nieder. Dem „freien Weibe", das in den Romanen des jungen Deutschlands bereits als Heldin auftauchte und mit seinen gesuchten absichtsvollen Extravaganzen allerdings ein wenig sympathisches Wesen abgab, stellte sie die Frau der Vergangenheit, die „beschränkte Frau" gegenüber,

15

die ihr tiefstes Glück und ihren schönsten Sieg im Opfer, in der Hingabe an den Mann feierte.

Annette von Droste-Hülshoff hatte Furcht vor sich selbst und zog deshalb einen dichten Schleier um ihre Persönlichkeit. Vor allem Zwiespalt flüchtete sie sich in die Mutterarme der Natur, der sie sich mit der ganzen leidenschaftlichen Innigkeit und Keuschheit ihres Wesens hingab. Sie bewahrte so ihrer Kunst die Reinheit und Unberührtheit von aller Tendenz und schuf die unvergängliche Schönheit ihrer heimatlichen Naturbilder, die sie auch heute noch als die größte deutsche Dichterin erscheinen lassen. Aber so ganz hat sie den Kampf und die Sehnsucht, die ihre erwachende Frauenseele erfüllten, doch nicht verbergen können. Wer tief hineinhorcht in ihre absichtslose, fast männlich-objektive Dichtung, hört darin das Herz der Frau klopfen. In ihren geistlichen Gedichten ringt sie Brust an Brust mit ihrem Gott und läßt ihn nicht, bevor nicht sein Segen ihren Ängsten und Zweifeln Frieden giebt. Und ihr sind Gedichte entschlüpft wie „Not" und „Am Turm", die gleichsam blitzartig ihr Innenleben erhellen:

„Wär ich ein Jäger auf freier Flur,
Ein Stück nur von einem Soldaten,

Wär ich ein Mann doch mindeſtens nur,
So würde der Himmel mir raten;
Nun muß ich ſitzen ſo fein und klar
Gleich einem artigen Kinde
Und darf nur heimlich löſen mein Haar
Und laſſen es flattern im Winde!"

Mit dieſen Verſen hebt das bange Sehn-
ſuchtslied der Frau an, das nun nicht wieder ver-
ſtummen ſoll, das immer ſtärker anſchwillt und
wie ein einziger großer Klang die ganze weibliche
Dichtung bis in unſere Tage erfüllt.

\* \* \*

Die Dichtung der Annette von Droſte-Hülshoff
iſt in ihrem Grundweſen epiſch, nicht lyriſch. Sie
erzählt von dem, was ſie geſchaut und empfunden
hat — ſie verdichtet es nicht zum Liede. Das
bleibt auf lange hinaus das hervorſtechende
Merkmal aller weiblichen Dichtung, und ſtörend
kommt noch ein ſtarker Hang zur Reflexion hinzu,
von dem die reine Heimatskunſt der weſtfäliſchen
Dichterin frei war. Die zu ihrem Eigenweſen
erwachende Frau kämpft und hat noch zu viel
auf dem Herzen, um ganz naiv ihr Herz allein
ſprechen zu laſſen. Zu viel Wünſche und Hoff-
nungen und Gedanken ſtürmen auf ſie ein und

verſchütten ihr den Weg zur reinen lyriſchen
Empfindung.

Allzuſehr mit Reflexion belaſtet erſcheint die
Dichtung der zu ihrer Zeit ſehr geachteten, heute
faſt vergeſſenen Luiſe von Ploennies. Ein
philoſophiſch‑grübleriſcher Zug beherrſchte ihr
Schaffen und ließ ſie zu keiner reinen Kunſt ge‑
langen. Sie hat zwar hier und da ſchon verſucht,
ein kleines Lied zu bilden; aber im allgemeinen
blieb ſie bei der erzählenden Gedankendichtung
ſtehn. Ihr Beſtes und Tiefſtes hat ſie wohl mit dem
Sonettenkranz „Abälard und Heloiſe“ gegeben, in dem
ſie den ganz innerlichen Kampf eines Frauenherzens
zwiſchen irdiſcher und himmliſcher Liebe ſchildert.

Eine nähere Weſensverwandte der Droſte‑
Hülshoff war die ſchleswig‑holſteiniſche Dichterin
Sofie Dethleffs, die heute gleichfalls ſo gut
wie verſchollen iſt. Sie befand ſich auf dem Wege
zu einer reinen Heimatskunſt; aber ihre Dichtung
ging dann, wohl infolge der Enge und Dürftig‑
keit ihres einſamen Lebens, ganz in Altjüngferlich‑
keit unter. Vorher jedoch hat ſie einige Gedichte
in hochdeutſcher und plattdeutſcher Sprache ge‑
ſchaffen, die mit ihrer ſchlichten Wahrheit und
Menſchlichkeit die Dichterin vor dem völligen Ver‑

18

geſſenwerden ſchützen ſollten. Beſonders ihre plattdeutſchen Gedichte ſind beachtenswert: nicht nur hat ſie mit ihnen die niederdeutſche Mund‧art ſchon vor Klaus Groth wieder zu Ehren ge‧bracht, ſie ſchlägt darin auch als die erſte deutſche Dichterin ſoziale Töne an. Sie ſingt das Lied vom „Arbeitsmann“, der in all ſeinen Mühen hungert und darbt, während der Reiche hoch zu Roß trabt. Ihre warme Frauenempfindung bewahrt ſie dabei vor kalter Tendenz; ihre ſozialen Dichtungen werden aus tiefem Mitgefühl geboren. Die Frau, die ſelber leidet und kämpft, fühlt ſich als Schweſter aller Leidenden. Das ſoziale Gedicht verſchwindet nun nicht wieder aus der deutſchen Frauenlyrik. In der dunklen Empfindung, daß in den Tiefen des Volkes ein ähnlicher Kampf gekämpft wird, wie ſie ſelber ihn zum Austrag bringen muß, findet die Frau immer echtere und wärmere Töne des Mitleids mit den Armen und Enterbten.

Lebendiger in unſerer Erinnerung iſt die öſterreichiſche Dichterin Betty Paoli geblieben. Ihre erſte Gedichtſammlung (1841) fand beim Erſcheinen eine begeiſterte Aufnahme, die in dem Ausſpruch gipfelte: „man dürfe dieſe Dichtungen nur knieend leſen“. Von ſolcher Überſchwänglich‧

keit sind wir heute weit zurückgekommen; aber wir begreifen auch jetzt noch, daß das erste Erscheinen Betty Paolis auf viele Frauen ihrer Zeit wie eine Offenbarung wirken mußte. Mit ihr trat zum erstenmal eine Frau auf, die den Mut ihrer e i g e n e n Persönlichkeit hatte und in trotzigem Selbstbewußtsein sich dem Manne und seiner durch jahrtausendalte Sitte geheiligten Herrschergewalt gegenüberstellte. Sie war Weib und ersehnte nichts heißer, als in der Liebe sich dem Manne ganz hingeben zu können; aber sie trug andererseits ein klares Bewußtsein ihres menschlichen Eigenwertes in sich und forderte für ihr königliches Geschenk auch vom Manne die ganze Hingabe. Sie fand diesen Mann in ihrer Zeit nicht (sie würde ihn wohl auch heute noch vergeblich suchen!), und sie und ihre Dichtung litten schwer unter der getäuschten großen Sehnsucht. Der heiße Strom ihrer Leidenschaft, der Gedichte wie „Wandlung", „Gabe", „Mit dir!" gleich Perlen an den Strand geworfen hatte, versiegte, und ihre Poesie wurde kalt und lehrhaft. Ein Verkümmern der schönsten Kräfte im leiblichen und geistigen Altjungferntum — das war das Ende auch dieser stolzen und starken Frauennatur.

20

Eine andere Österreicherin, Marie von Ebner-Eschenbach, gehört gleichfalls nach ihrem Alter wie auch dem Wesen und Inhalt ihrer Dichtungen in diese erste Zeit deutscher Frauendichtung. Es wäre ungerecht, diese große Dichterin und Deuterin des Menschenherzens, die ihr schönstes Können auf einem andern Gebiet der Literatur, in der Erzählung, entfaltet hat, nach ihren wenigen Poesieen beurteilen zu wollen. Sie ist hier ausschließlich Verstandesdichterin, die feine kluge Gedanken in Verse gießt, aber nicht warmes, aus dem Herzen hervorquellendes Leben schafft. Selbst ihr bekanntestes Gedicht „Ein kleines Lied" ist kein Lied selbst, sondern eine feinsinnig-graziöse Reflexion über das Lied.

\* \* \*

In den Jahrzehnten der Reaktion, in den fünfziger und sechziger Jahren, bleibt es still in der deutschen Frauendichtung. Der schwere lähmende Druck, der auf allem liegt und jede freie geistige Regung niederhält, macht auch die Frau verstummen. Keine neue Persönlichkeit tritt hervor, die den eingeleiteten Kampf um die neuen Menschenrechte des Weibes weiterführt. Es hat fast den Anschein, als sei die Frau wieder untergetaucht in das Dunkel ihrer Alltäglichkeit und Abhängigkeit.

21

Da erscheint zum Ausgang der sechziger Jahre (1868) ein schmales Bändchen Gedichte: „Lieder einer Verlorenen" von Ada Christen. In die schwüle Stickluft der Gutestubenpoesie, die damals den allgemeinen Geschmack beherrschte, schallten diese Lieder wie ein einziger schriller Aufschrei aus einem durch eigene und durch fremde Not verwundeten Frauenherzen hinein:

„All euer girrendes Herzeleid
Thut lange nicht so weh,
Wie Winterkälte im dünnen Kleid,
Die bloßen Füße im Schnee.

„All eure romantische Seelennot
Schafft nicht so harte Pein,
Wie ohne Dach und ohne Brot
Sich betten auf einen Stein!"

Die Dichterin war eine junge Wienerin, die, 1844 geboren, in frühem Alter die harte Verurteilung ihres Vaters wegen Beteiligung an der achtundvierziger Revolution erlebt hatte. Die Familie war dadurch in Not geraten, und Christine Breden, wie die Dichterin eigentlich hieß, war bereits mit fünfzehn Jahren zum Theater gegangen, wo sie die ganze Härte des Kampfes um's tägliche Brot kennen gelernt hatte. Eine erste Ehe, die sie zwanzigjährig eingegangen war, hatte bereits nach zwei Jahren mit dem Tode des Mannes ein Ende gefunden, der im Irrfinn nach furchtbaren Leiden gestorben war.

Dies schwere, dunkle Jugendschicksal machte Ada Christen zur Dichterin. Sie hatte als Kind das Sturmläuten der Revolution gehört, sie hatte dann die ganze grausame Not des Lebens am eigenen Leibe erfahren — eine wilde Flamme der Empörung loderte nun aus ihren ersten Gedichten auf. Mit dem Trotz der Verzweiflung warf sie alle Hüllen der Schamhaftigkeit von sich und schrie ihre Not in die Welt hinaus: die Not der Frau, die auf allen Seiten von Sitte und Vorurteil ein- geengt ist und sich nicht ausleben darf! Mit solcher rücksichtslosen Offenheit hatte bis dahin noch kein Weib von seinen Schmerzen und Kämpfen, von seiner Sehnsucht und Leidenschaft gesprochen! Trotz aller äußeren Abhängigkeit von Heine strömte durch diese Verse so viel heißes eigenes Erleben, daß sie doch als ein Neues und Selbständiges erschienen. Im weiteren Verlauf ihrer Entwicklung vermochte die Dichterin auch, sich von allen fremden Einflüssen frei zu machen und sich ganz auf ihre eigene Erde zu stellen. Sie führte ihren Kampf zu einem Sieg empor, zu einem schmerzlich lächelnden

23

Frieden. Sie erreichte keine Erfüllung für die große Leidenschaft ihrer Seele; aber sie rettete wie so viele Frauen ihre Liebessehnsucht in den Hafen des Mitleids. In ihren letzten Gedichten „Aus der Tiefe" (1878) schweigt sie fast ganz von sich selbst, um dafür mit warmem Herzen dem Leid der Andern nachzugehen. Sie gestaltet hier ergreifende soziale Bilder, und sie schafft das reine schlichte Eheidyll „Fünf Treppen hoch."

Gleichfalls ein Kind der vierziger Jahre ist die Schlesierin Alberta von Puttkamer. Eine Frauenseele voll Sehnsucht und Leidenschaft, voll Kampf und Auflehnung enthüllt sich auch in dieser Dichterin. Aber sie läuft nicht, wie Ada Christen in ihren ersten Gedichten, auf die Gasse und schreit ihre Not in die Welt hinaus — sie flüchtet sich vielmehr vor der Menge und erbaut sich das Schloß ihrer Kunst auf einem hohen einsamen Gipfel. Sie sieht hier die Sonne niedergehen, die Märchensonne der Romantik, an der ihr Herz hängt, und sie träumt in zaghafter Sehnsucht von neu heraufsteigenden Morgenröten. In dem einsamen nachtbedeckten Schlosse wandert eine Frau ruhelos auf und nieder — „im Elend ihres Unbefriedigtseins", wie Wilhelm Holzamer in einer feinsinnigen Studie über die Dichterin sagt. Das heiße Gesicht an die Scheiben gedrückt, schaut sie bald nach Westen, wo noch ein feiner Lichtstreif von der gesunkenen Sonne erzählt — bald wieder nach Osten, wo schon eine erste fahle Dämmerung den neuen Tag kündet. Es bleibt aber Nacht in ihren Dichtungen: eine wundersame, von tausend Sternen erfüllte Sommernacht, die Traum und Sehnsucht nicht zur Ruhe kommen läßt.

Alberta von Puttkamer steht auf der Grenzscheide zweier Zeiten, Vergangenheit und Zukunft begegnen sich in ihrer Dichtung. Ihr tiefstes Sehnen geht nach der Romantik; hier findet sie Verse voll so unaussprechlicher Schönheit wie in dem Gedicht „Als einst die Post fuhr." Ihre Liebe gehört einem stolzen romantischen Mannesideal, das ihr verklärender Traum wohl einer kargen Wirklichkeit nachgeschaffen hat. Mit der sinkenden Sonne ist es ihr entschwunden, umsonst überbrückt sie die Ferne und baut ihr Wille „rastlos durch Sterne hin" — sie bleibt einsam. Und da schreit sie auf in ihrem Alleinsein:

„Und ich soll hingehn in die Einsamkeit
Und soll mich lösen aus der Trunkenheit,
Die fiebernd mich und dich in Fesseln schlägt

25

Und übersinnlich uns zur Gottheit trägt!
Und es soll Stunden dieser Erde geben,
Die wir zusammen nicht mehr werden leben!
Und Tage sollen dunkel sich verbluten,
Wo unsrer Herzen zitternd junge Gluten,
Die einst, sich suchend, loderten zusammen,
Aufbrennen müssen in getrennte Flammen!"

Dann aber zwingt sich die Dichterin zur Ruhe,
und sie, die stolze eigenherrliche Persönlichkeit,
macht ihren Frieden mit der Wirklichkeit. Sie
steigt von ihrem Schlosse herab und nimmt Teil
an den Leiden der Andern. Sie schreibt die
Gedichte „Eine Einsame", „Blick auf die Straße"
und entdeckt vor allem die wunderbare kleine
„Straßenscene", in der sie den Heiligenschein der
Schönheit um den Struwwelkopf eines schmutzigen
Bettlerkindes breitet. Und sie kämpft sich schließlich
zu einer reinen Volkskunst durch und beschert ihrer
zweiten Heimat, dem Elsaß, das schöne Balladen-
buch „Aus Vergangenheiten".

In den vierziger Jahren sind noch zwei
andere Dichterinnen geboren, deren Dichtung aber
weniger den Geist des revolutionären Jahrzehnts
atmet: Carmen Sylva und Angelika von Hör-
mann. Mit C a r m e n  S y l v a (Königin Elisabeth

26

von Rumänien) findet das Menschenrecht der Frau den Weg auch zu einem Thron hinauf — das ist das Neue und Bedeutungsvolle an dieser Erscheinung. Eine doppelt hohe Schranke von Sitte und Vorurteil erhob sich um die Königin; sie durchbricht sie und stellt sich kämpfend und schaffend in Reih und Glied mit ihren Schwestern. In ihr gewinnt die Frau den Mut, ihr Tiefstes und Heiligstes, Mutterschaft und Muttergefühl, in der Poesie zu enthüllen. Carmen Sylvas Muttergedichte sind voll der keuschesten Wahrhaftigkeit, zu der sie ein großer Schmerz, immer der Erwecker und Befreier wahrer Kunst, hinführte — der jungen Königin starb ihr einziges Kind im Alter von vier Jahren. Im übrigen ist ihre Dichtung nicht überall vom Dilettantismus freizusprechen, der wohl aus einem allzu leichten und mühelosen Schaffen entsprang.

Schlichtheit und innere Wahrheit zeichnen auch die besten Gedichte der Angelika von Hörmann aus. Sie schafft und träumt ganz abseits, in der traulich-umschränkten Enge ihrer tiroler Heimat, und hat wenig von den großen Kämpfen erfahren, in denen draußen die Frau steht. Sie ist keine starke überragende Persönlichkeit, deren Kunst zugleich fortschreitende Kultur bedeutet. Aber sie hat Wärme und Tiefe und giebt in ihrer weisen Selbstbeschränkung reinere Kunst als so manche größere Dichterin, die der Kampf nicht zu einer geklärten, absichtlosen Dichtung gelangen läßt.

*　*　*

Die Jahrzehnte der Reaktion sind für die deutsche Dichtung zugleich eine Zeit tiefster Erschöpfung, die noch weit über 1870—71, die Wiederaufrichtung des deutschen Reiches und die nationale Wiedergeburt des Volkes, hinausreicht. Das große geschmeidige Formtalent Geibels und die hausbackene Spruchweisheit des Mirza-Schaffy-Sängers Bodenstedt beherrschen die Dichtung, während die Stimmungslyrik Theodor Storms, die bei all ihrer Stille doch das Neue und Zukunftschaffende in dieser Zeit bedeutet, so gut wie unbeachtet bleibt. Dichtende Frauen werden jetzt immer zahlreicher; meist lagern sie ihre Erzeugnisse in den Familienblättern ab: flüssige gefällige Verse, die kein allzu tiefer Inhalt beschwert. Ein großes Strickstrumpfgeklapper hebt im deutschen Dichterwalde an, Masche reiht sich an Masche unter den fleißigen Händen — der „Blaustrumpf" taucht in der deutschen Dichtung auf.

Dies vielverspottete Wesen, dem Marie von Ebner-Eschenbach in ihrem Gedicht „Sankt Peter

28

und der Blauſtrumpf" eine hübſche Verteidigung
geſchrieben hat, war keine ſo ungefährliche Er-
ſcheinung. Der Dilettantismus drohte, über das
Schaffen der Frau Macht zu gewinnen und die
eigene Sprache ihrer Seele wieder verſtummen zu
machen. Schon Carmen Sylvas hervorragende
Begabung fiel in der überwiegenden Mehrzahl
ihrer Poeſieen dieſem Dilettantismus zum Opfer.
Eine glattfriſierte Dichtung, die Form mit Inhalt ver-
wechelte, machte ſich breit — die tiefere Urſache lag
allerdings nicht in der Frau, ſondern in der künſt-
leriſch armen und inhaltleeren Zeit.

Unter den Vielen-Allzuvielen, denen ein Gott
zu ſagen gab, was ſie nicht leiden, traten ein
paar ernſter ſtrebende Dichterinnen hervor. Hier
iſt an erſter Stelle Frida Schanz zu nennen,
ein beachtenswertes Formtalent, das den Vers mit
ſeltener Sicherheit beherrſcht. Leider war ihr bei
einer allzu leichten Formgebung ein tiefergehender
künſtleriſcher Kampf erſpart, und ſo blieb ihre
Dichtung oft glänzende Form ohne erlebten Inhalt.
Aber ihr Schaffen weiſt vereinzelte Höhepunkte
auf, wo Frauenleid und Frauenſehnſucht ihren
ſchlichten wahren Ausdruck ſuchen und finden, und
ihr letzter Gedichtband „Unter dem Eſchenbaum"

29

zeigt deutlich das Streben nach einer größeren Vertiefung und Beseelung. Solche einzelnen Höhepunkte des Schaffens, wo das Erlebnis mit innerer Notwendigkeit sich sein Kunstwerk aufbaut, finden sich auch in den Gedichten von Ilse Frapan und Gertrud Triepel. Ilse Frapan, eine bedeutende Erzählerin, ist sonst nur eine schwache Versdichterin, die selten ihre eigene Sprache spricht, und Gertrud Triepel ist in ihrem Gedichtband „Ein Stückchen Alltagsleben" allzu tief im Alltag stecken geblieben.

Die größte Dichterin dieses Zeitraums, mit der die Form wieder einen Inhalt gewinnt, ist die Schwäbin Isolde Kurz. Sie vermag sich dem Einfluß ihrer Zeit nicht zu entziehn; aber das Gefühl der Leere und Erschöpfung wird bei ihr nicht zu künstlerischer Ohnmacht — es vertieft sich zu einer kraftvoll erlebten Melancholie, aus der wieder lebendige Kunst entspringt. Der Tod schreitet als Herr und König durch ihre Verse, seiner stillen hohen Majestät bringt sie ihre Dichtung als Opfer dar:

„Der Tod hat keine Schauer mehr,
Denn ihn umschweben
Die Grazien alle, nur das Leben
Ist arm und leer."

Aus einem tiefen Naturgefühl heraus empfindet

30

die Dichterin das Sterben als eine Wieder-
vereinigung mit der Natur, als eine Erlösung und
Befreiung aus dem „wirren wüsten Traumgespinst"
des Lebens, als eine Rückkehr zur Heimat:

„Nun bist du eins mit der Natur, es ruht
Der Streit, und schnell geheilt sind deine Wunden,
Die Mutter hat den Sohn aufs neu gefunden
Und hält den Wildling fest in ihrer Hut."

Das ist eine rein·lyrische Weltanschauung,
und Isolde Kurz steigt auch in ihren besten Ge-
dichten zu einer großen und reinen Lyrik empor.
Sie wendet sich ab von den wirren flüchtigen Er-
scheinungsformen des Lebens und geht ganz in
dem großen Frieden der Natur auf. Sie weiß in
dem Wechsel der Dinge das Ewige aufzuspüren
und in ihrer Kunst wiederzugeben. So entsteht
das „Asphodill", wohl die großartigste Totenklage
in unserer neueren Dichtung; so findet sie das
wundersame Gedicht „Wegwarte", das uns unter
Schauern miterleben läßt, wie das wartende
Mädchen am Straßenrand allmählich zur Blume
wird; so dichtet sie den „Spaziergang", wo die
graue dämmernde Erinnerung sie beschleicht, daß
sie diesen Tag reichen Sommerglücks schon ein-
mal auf andern Sternen erlebt haben muß. Dom

31

Kampf der Frau ist es still in ihrer Dichtung, überhaupt von allen Kämpfen — sie singt das bange Sehnsuchtslied nach dem Tode, dem Heiland und Erlöser aller menschlichen Sehnsucht.

Eine tiefe Wesensverwandtschaft mit Isolde Kurz zeigt Ricarda Huch, deren Gedichte erst in den neunziger Jahren erscheinen, die aber mit ihrem ganzen Fühlen und Denken sich hier an- schließt. Auch ihrer Kunst ist eine Abkehr von flüchtiger Wirklichkeit und ein Aufgehn in der großen Einheit der Natur eigen. Ein philosophischer Zug geht durch ihre Dichtung, selbst in den kleinen zierlichen „Liebesreimen". Der Gedanke ist aber bei Ricarda Huch keine fremde Gewalt mehr, keine Reflexion, die von außen kommt und das Kunst- werk beherrscht. Er ist ein innerlicher Bestand- teil ihres Wesens und wird als eine notwendige Ausstrahlung ihrer Weltanschauung, ihrer künst- lerischen Persönlichkeit empfunden. Die Welt- anschauung der Dichterin gründet sich auf die Erkenntnis von der Flüchtigkeit allen Erdenwesens, und diese Erkenntnis hebt sie über allen Kampf hinaus. Deshalb zeichnet sich ihre Kunst durch zwei hervorragende Eigenschaften aus, die in der Frauendichtung noch überaus selten sind: Ricarda

Huch hat Stil und Humor. Sie spricht ihre eigene Sprache und schaut mit wehmütig-mitleidigem Lächeln auf alles Erdentreiben hinab. Und von diesem dunklen Grunde hebt sich in purpurnem Rot eine echt dichterische Freude an allem Leben ab:

> „Kein Stern, der unserm Bunde
> Nicht Untergehen droht,
> Wir hängen uns am Munde
> Und warten auf den Tod."

Der Tod ist in das Leben verliebt, und das Leben bangt und zittert, sich dem Befreier Tod in die Arme zu schmiegen. Das Mädchen eilt zum Stelldichein mit dem Geliebten, und als sie sich an seine Brust wirft, ist es der Tod, der seinen dunklen Mantel um sie breitet. Oder der Tod schreitet über ein Feld, und während er mit der einen Hand die goldenen Ähren niedermäht, streut er mit der andern neuen Samen aus. Ewigkeitsschauer wehn uns aus der Dichtung von Ricarda Huch an, ganz wie bei Isolde Kurz.

Der Kampf der Frau um ihre äußere und innere Freiheit feiert auch in Ricarda Huch keinen erlösenden Sieg. Die Dichterin stellt sich über allen Kampf und findet ihren Frieden in einer schmerzlich lächelnden Lebensverneinung.

*     *     *

Um die Mitte der achtziger Jahre beginnt der Kampf um eine neue Kunst. Die revolutionären Stürmer und Dränger des sogenannten „jüngsten Deutschlands" treten auf den Plan und erheben den Ruf nach einer rückhaltlosen Wahrhaftigkeit in der Dichtung. Das realistische Kunstideal löst das idealistische ab, das seinen tieferen Lebens-inhalt verloren hat und zu toter Formenschönheit erstarrt ist. Der Kampf wird zunächst in der Lyrik ausgefochten, zu der es immer die Jugend hindrängt, die im Selbstbekenntnis sich selbst finden will. Die Lyrik gelangt zuerst zu einem neuen eigenen Leben und schmückt sich mit neuen freieren Formen.

Die literarische Revolution erneuert auch die deutsche Frauendichtung. Die Forderung rücksichts-loser Wahrheit, im Verein mit der nun stärker anschwellenden sozialen Frauenbewegung, nimmt vom Weibe auch die letzte Scheu und Zurück-haltung. Immer mehr gewinnt die moderne Frau das Vertrauen zu sich selbst, den Mut zum Bekennt-nis, zur restlosen Beichte ihrer Not und Sehnsucht. Sie erwacht zu eigenem Denken — aber natur-gemäß, anstatt Herrin des Gedankens zu sein, ist sie zunächst seine Sklavin. Sie macht, ganz wie auch der männliche Dichter, jene jugendliche Zeit durch,

34

da sich vor den geblendeten Augen die Welt des Geistes aufthut und der neugeborene Gedanke mit der Kraft eines jungen Riesen Welt und Leben und die eigene Persönlichkeit knechtet. Das ist jene Zeit, da der junge Dichter von der Tendenz ausgeht und die vorgefaßte Idee die reine An- schauung des Lebens und der Kunst trübt. Die Lust am Denken und Belehren überwiegt vor der Freude am Gestalten. So vermag auch die Frau, in dieser Zeit erneuten Ringens und Fortschreitens ihre Dichtung nur selten über den Zweck, über die außerkünstlerische Tendenz emporzuheben. Sie hat in dem Kampf um ihr neues Menschsein noch keinen endgiltigen Sieg errungen; deshalb fehlt ihr das innere Gleichgewicht, die heitere Ruhe, in der allein das große absichtslose Kunstwerk reifen kann, das wie die Natur ganz in sich selber ruht.

Ein lehrreiches Beispiel sind die Dichtungen von Maria Janitschek. Sie ist vielleicht die moderne Dichterin, die am schmerzlichsten mit sich selbst gekämpft, die am leidenschaftlichsten mit den Rätselfragen der Zeit und ihrer eigenen Seele gerungen hat, ohne jedoch eine befreiende Lösung gefunden zu haben. Ihre ganze Dichtung ist Suchen und Sehnen — kein Finden. Ihren Gedichtband „Im Sommerwind" schließt sie mit einem Jubelhymnus auf den neuen Menschen:

„Mit brennenden Kerzen in den Händen
Und hellen flatternden Fahnen
Ziehen wir dir entgegen,
Neuer Mensch!"

Ja, sie zieht dem neuen Menschen entgegen, sie hat auch wohl sein leuchtendes Antlitz im Nebel der Ferne gesehn, aber sie gelangt nicht zu ihm. Sie kämpft um eine neue Sitte, um einen neuen Menschen, um einen neuen Gott — sie kämpft, aber sie siegt nicht. Nur selten krönt und vollendet ein reiner künstlerischer Sieg ihr heißes Ringen. In ruheloser Sehnsucht treibt es sie von Philosophie zu Philosophie, von Glauben zu Glauben und in engem Zusammenhang damit auch von einem Kunst-ideal zum andern. Sie hat im Bann des Realismus brutale Wirklichkeitsschilderungen gegeben und hat dem Symbolismus schwüle Weihrauchopfer gebracht.

Aus einer solchen Seele voll Kampf und Zweifel konnte eine reine Lyrik nicht emporblühen. Sie setzt wie alle reine und befreiende Kunst einen lächelnden Frieden voraus, den der Dichter mit sich und der Welt geschlossen hat. Zum L i e d e gelangt Maria Janitschek nur in vereinzelten Gedichten. Meist hat

sie irgendein soziales oder philosophisches Ideal auf
dem Herzen, das sie predigen muß, und die Predigt
verlangt die Breite, die Reflexion. Die Dichtung von
Maria Janitschek ist Gedankendichtung voller Zweck
und Absicht; ihr Grundwesen ist Erzählung, nicht
lyrische Verdichtung. Aber andererseits lebt in ihr eine
starke beherrschte Sinnlichkeit, die oft den Gestalten
und Empfindungen die Blässe des Gedankens nimmt,
ihnen Blut und Farbe giebt. Und vor allem hat die
Dichterin vermocht, ihren persönlichen Kampf um
ein neues Menschsein durch ihre Kunst in's Allgemeine
zu erheben. Viele Frauen unserer Zeit werden sich mit
ihrem Hoffen und Wünschen in der Dichtung von Maria
Janitschek wiedererkennen. Darauf beruht ihre hohe
Bedeutung — eine Bedeutung. die allerdings wohl
nicht über die Zeit des Kampfes hinausragen wird?

Ganz ähnlich geartete Erscheinungen treten uns
in Hermine von Preuschen und der Öster-
reicherin Marie Eugenie delle Grazie ent-
gegen. Sie stehn, wie Maria Janitschek, noch im Kampf
mit sich und der Welt und haben keinen erlösenden
Sieg gewonnen. Sie kämpfen mit der Vergangenheit,
gegen gesellschaftliche, religiöse, sittliche Vorurteile;
sie kämpfen um die Zukunft, um den neuen freien
Menschen, der da kommen soll. Reflexion und epische

37

Breite herrschen auch in ihren Gedichten vor und lassen eine reine lyrische Stimmung nur selten auf- kommen. Oft schwillt ihre Dichtung ins Uferlose; künstlerisches Maßhalten, die Gabe der Sammlung ist diesen leidenschaftlichen Kampfnaturen fast ganz fremd. Sie wissen den ausgetretenen Strom der Empfindung nicht in sein Bette zurückzuführen, und er steigt über alle Ufer und Dämme hinaus und ver- nichtet die reiche künstlerische Ernte. Starke Sinnlich- keit lebt auch in diesen Dichterinnen; aber es ist nicht die stille gefesselte Glut, die mit innerer Wärme das Kunstwerk erfüllt — es ist ein grelles Flackerfeuer, das im Winde weht und verlischt. Hermine von Preuschen findet nur hie und da einfache Töne, wo sie von ihrem Kinde spricht und das Muttergefühl die zehrende Unrast in ihr zur Ruhe bringt. Marie Eugenie delle Grazie schafft ihr Bestes, wenn auch nicht künstlerisch Vollkommenes, wo sie sich in eine fremde Eigenart hineinlebt und deren Wesen vor uns enthüllt, wie in den Böcklin-Gedichten und den Chopin- Rhythmen. Mit weiblicher Hingabe geht sie hier in der fremden Seele auf und ist die „Geige, auf der der Meister spielt."

Die Bayerin Anna Croissant-Rust gehört gleichfalls zu den Frauen, die vor lauter Wollen nicht

38

zum Willen, vor lauter Kampf nicht zur Kunst ge-
langen. Sie setzt die Lockerung und Auflösung der
Form fort, zu der schon Maria Janitschek hinneigte,
und schreibt ihre Dichtungen in einer nervösen zer-
hackten Prosa, der meist der innere Rhythmus fehlt.
Im Inhalt predigt sie das Recht der Frau auf Liebe
und Glück — sie predigt, aber sie gestaltet nicht trotz
des angestrebten Realismus. Eine schwüle und dabei
absichtsvolle Sinnlichkeit, um die der Verstand weiß,
erfüllt ihre Dichtung und entfernt sie weit von der
keuschen Nacktheit naiver Natur. Die Quelle reiner
Kunst will sich auch dieser Dichterin nicht erschließen,
da sie den Weg aus ihrem Kampf zum Frieden
nicht zu finden weiß.

Den Eindruck einer innerlich mehr gefestigten
Persönlichkeit empfangen wir dagegen aus den Ge-
dichten von Klara Müller. Auch ihre Kunst ent-
springt noch aus der Reflexion, schleppt die Last des
Gedankens mit sich, unter der das zarte Spinngewebe
der Lyrik zerreißt. Auch ihre Dichtung steckt noch in
der Idee, wurzelt im Kampf — doch zugleich weist
sie schon darüber hinaus. Eine soziale Tendenz be-
herrscht ihr Schaffen; sie wird aber so tief und so
persönlich von ihr empfunden, daß sie zum inneren
Erlebnis wird. Eigenes Leid und eigene Entsagung

haben die Seele der Dichterin empfänglich gemacht für die Not des Volkes. Sie verliert sich nur selten in Rhetorik und gestaltet in ihren sozialen Gedichten seelisch erlebte Empfindungen und rein angeschaute Bilder. Außerdem steht sie fest auf ihrer pommerschen Heimaterde — der herbe frische Odem der Ostsee weht in ihre Dichtungen hinein und giebt ihnen Farbe und Gesundheit.

*　　*　　*

Die neunziger Jahre bedeuten für die deutsche Frauendichtung ein stetiges Fortschreiten zu größerer Ruhe und Klarheit. Die Frau beginnt, die nervöse Hast und Unrast in ihrem Wesen und ihrem Schaffen zu überwinden. Nach allem Suchen und Sehnen gelangt sie zu sich selbst, tritt sie in den Besitz ihres Eigenlebens. Noch wogt es in den Tiefen ihrer Seele von Kampf und Sehnsucht — doch auf der leise bewegten Oberfläche wiegt sich bereits die keusche weiße Blüte des Liedes und öffnet ihren Kelch dem Sonnenlicht.

Einer liedhaften Stimmungslyrik kommt schon die Österreicherin Marie Stona mit ihren „Liedern einer jungen Frau“ nahe. Sie singt von der Liebe; aber es ist nicht mehr der herkömmliche Klingklang der Blaustrumpflyrik, der nur das Ohr

40

traf und nicht das Herz bewegte. Ein heißer schmerzlicher Seelenkampf durchzittert ihre Liebeslieder. Von dem wissenden Weibe sind alle Hüllen gefallen, und in keuscher triumfierender Nacktheit breitet es seine Arme aus, um zu fassen, was „ewig bliebe". Die Dichterin schildert die Nixenliebe, das Weib ohne Seele, das dem Manne Kraft und Leben nimmt:

„Und küßt ich mich müd an einen Mund,
Dann tauche ich nieder zum Meeresgrund,
Verlachend in hellem Korallenrot
Den Menschen, dem ich gab den Tod."

Und im Gegensatz dazu schildert sie das Weib, das mit voller Hingabe liebt und ganz im Manne aufgehen will. Aber dem Manne ist das Höchste seine Arbeit, das Weib ist ihm nur Schmuck und Zier, eine Rose im Knopfloch:

„Ich sterbe hin vor Glut . . . indessen du
Gelassen über deiner Liebe thronst
Und hoheitsvoll mit nie bewegter Ruh
In deines Geistes Eisgefilden wohnst."

Mann und Weib feiern ihr Liebesfest, aber sie halten nur den Leib umschlungen — die Seelen können nicht zu einander kommen. In Marie Stona hat die Frau sich selbst gefunden, ist sie sich ihres vollen Menschenwertes bewußt geworden und sehnt sich nun nach dem neuen Manne, der ihrer Liebe und Hingabe wert ist.

Reiner noch und absichtsloser erklingt die Lyrik der Thüringerin Anna Ritter. Ihre „Gedichte" sind das erfolgreichste lyrische Werk der neunziger Jahre, und nicht ganz mit Unrecht. Anna Ritter ist frei von Reflexion, ihre Dichtung ist rein angeschaute und ausgedrückte Empfindung. Sie jubelt ihre Freude und schluchzt ihren Schmerz heraus wie ein Kind, und ihrer Kinderhand gelingt es, was so manche kluge Hand umsonst versucht hat: das Lied zu gestalten. Im ersten Teil ihres klar und harmonisch aufgebauten Buches („Das Ringlein sprang entzwei") lacht und weint das junge Glück der Mädchenliebe, träumt im segen-schweren Frieden des Hauses die Gattin und Mutter, schluchzt das Weib um den geliebten Mann, den ihr der Tod genommen hat. Im zweiten Teil, besonders in den „Sturmliedern", befreit sich das Weib von seinem Schmerz, erhebt sich aus seiner dunklen Verzweiflung und öffnet seine Augen wieder dem Licht, dem Leben. Im dritten Teil („Nach Jahren") ringt das sinnenfrohe, nach Liebe und Leben lechzende Weib mit einer sündigen Sehnsucht und überwindet sie in und mit dem Gedanken, daß sie den Kindern die Reinheit der Mutter erhalten muß:

„Behüt mich Gott in der dunklen Nacht,
Wenn mir der Dämon im Blut erwacht! . . .
„Die Kinder schlafen!“ . . . Ein Engel spricht's —
Ihr ewgen Mächte, nun fürcht ich nichts!“

Ein tief-menschlicher Kampf erfüllt Anna Ritters Gedichte, ein Kampf, der von einem sittlichen und einem künstlerischen Sieg gekrönt wird. Ihr zweiter Gedichtband „Befreiung“, obgleich der Titel auf eine neue Entwicklung hinzuweisen scheint, ist doch im wesentlichen nur eine Wiederholung des ersten Buches. Die Dichterin findet hier keine neuen Töne und ist ihre künstlerische Weiterentwicklung noch schuldig geblieben.

Die Geschichte ihrer Seele, eine Geschichte von Sehnsucht und Kampf und Sieg, erzählt uns auch Thekla Lingen in ihren Gedichten „Am Scheidewege“. Sie ist tiefer in das MenschlichAllzumenschliche untergetaucht als Anna Ritter, und ihr Sieg ist höher und befreiender. Thekla Lingen ward in den russischen Ostsee-Provinzen geboren, und wer mit feinem Ohr lauscht, wird auch einen leicht fremdländichen Tonfall aus ihrer Dichtung heraushören. Mit ihr entfernen wir

43

uns wieder von der reinen deutschen Stimmungs-
lyrik; die Dichterin, der slavisches Blut in den Adern
fließt, löst nicht in deutscher Weise ihre Empfindungen
in Stimmungen auf — sie legt vielmehr ihr Ge-
fühlsleben in hüllenloser Nacktheit vor uns bloß:

> „Reiß dir die Maske vom Gesicht,
> Zeig ihnen, wie die Wunden bluten,
> Wo sie nur eitle Lust vermuten —
> Reiß ab die Maske, zögre nicht!"

Die Dichtungen von Thekla Lingen sind in ihrem
innersten Wesen nicht lyrisch, sondern psychologisch.
Ihr Buch wirkt fast wie eine Erzählung in Versen,
in der die einzelnen Gedichte ihre tiefere Bedeutung
erst aus dem Zusammenhang erfahren. Das Sehnen
und Ringen des modernen Weibes nach seiner Freiheit
bildet den Inhalt des Buches. Wir sehen die Frau
in die Enge einer Alltagsehe eingekerkert, wir sehen
Sehnsucht und Sünde über sie Macht gewinnen,
wir sehen sie aus Schuld und Reue emporsteigen
zu einer höheren freien Menschlichkeit:

> „Ich hab gekostet vom Erkenntnisbaum,
> Ich habe nackt vor meinem Gott gestanden;
> Es sank die Lüge wie ein schwerer Traum,
> Die Seele riß sich los aus ihren Banden.

— — — — — — — —

„Leg, Mutter, deine arbeitsrauhe Hand
Nun auf die meine, gieb ihr deinen Segen —
Sie streift jetzt ab Rubin und Diamant
Und will in Fleiß die weißen Finger regen."

Thekla Lingens Gedichte zeigen uns das Weib
unserer Zeit „am Scheidewege", wo der Weg aus
einer dunklen Vergangenheit hinausführt in eine
lichte Zukunft voll freier Menschlichkeit, voll froher
eigener Lebensbethätigung.

\*     \*     \*

Im ersten Jahr des neuen Jahrhunderts er-
scheint ein kleines Buch: „Vom neuen Weibe und
seiner Liebe". Die Verfasserin, Elisabeth Dauthendey,
verkündet darin die endlich vollzogene Mensch-
werdung des Weibes — „Im Weibe ist das
Gehirn erwacht. Nach ewig langem Schlafe, nach
unendlich langem Traumwandeln ist ihm diese
höchste Menschwerdung endlich geworden." Wir
brauchen keine Furcht zu haben, das neue Weib
wird niemals ein bloßes Vernunftwesen sein —
„Zu tief ruhen die letzten Wurzeln unseres Seins
in der dunkeln heiligen mütterlichen Tiefe der ge-
heimnisvollen Lebenswärme, die uns alle trägt."
Das neue Weib fordert gebieterisch einen neuen
Mann, dem es seine Liebe schenken kann — „Es ist

45

nicht genug, daß es bloß ein Mann sei. Der Mensch im Manne, seine Persönlichkeitsart, das Letzte, Beste, Feinste in ihm, das ist es, was wir wollen." Der neue Mann ist noch nicht gekommen, das Weib muß ihn erst aus seiner Sehnsucht heraus gebären — „wie der Messias aus der langen Hoffnung seines Volkes geboren wurde."

Das Bedeutsame an diesem Buche ist die Bot-schaft, daß der Kampf der Frau abgeschlossen ist, daß sie in ihrer eigenen Sonne steht. Sie hat sich durch-gerungen zu sich selbst und ist Mensch geworden. Doch nun kommt ein neuer Kampf und eine neue Sehnsucht über sie. Sie ringt nicht mehr mit sich selbst, nicht um sich selbst — ihr Wunsch geht nach dem neuen Manne, dem sie sich hingeben kann, ohne sich wieder zu verlieren. Das neue Mannesideal tauchte dunkel und unbestimmt schon in der Dichtung von Betty Paoli auf, tritt dann schärfer und klarer aus den Liebesliedern Marie Stonas, Thekla Lingens und anderer Frauen hervor. Das Problem „Mann und Weib" dürfte die Frauendichtung der nächsten Zukunft noch stärker als bisher beherrschen.

Stehn wir also wieder vor einer neuen Kampf- und Streitdichtung? Elisabeth Dauthendeys Buch scheint darauf hinzudeuten: es ist unkünstlerisch durch

46

und durch, eine Tendenzschrift in Romanform, mit Idee und Reflexion überschwer belastet. Die Verfasserin glaubt das neue Mannesideal entdeckt zu haben, und in ihrer Entdeckerfreude predigt sie und will sie zu ihren Anschauungen bekehren. Andererseits aber ist das Problem des Verhältnisses zwischen Mann und Weib doch so ganz innerlich, taucht seine Wurzeln so tief hinab in dämmernde Seelengründe, berührt so nahe allergeheimste Fragen des Gemütslebens, daß von ihm eine ernstliche Trübung der reinen Kunstanschauung der Frau wohl nicht zu befürchten ist. In der That, wenn wir uns in der gleichzeitigen Frauenlyrik umschauen, gelangen wir auch zu einem hoffnungsfroheren Ergebnis für die künstlerische Weiterentwicklung der Frau. Wir sehen hier Tendenz und Idee fast völlig überwunden: der Streit ist geschlichtet, und das Weib freut sich seines neugewonnenen Sonnenscheins.

Der Jahrhundertanfang bringt uns drei neue Dichterinnen: Marie Madeleine, Margarete Bruns und Margarete Beutler. Sie sind alle drei noch sehr jung; die jüngste, kaum den Backfischschuhen entwachsen, hat die Zwanzig noch nicht überschritten. Allen dreien ist trotz ihres jugendlichen Alters eine reine, kampflose, selbstverständliche Wahrhaftigkeit

47

über ihr Innenleben eigentümlich. Sie brauchen sich nicht erst mühsam zur Wahrheit durchzukämpfen — sie ist von vornherein bei ihnen. Wild und ungeberdig schäumt noch der Most in den Versen der Jüngsten: im Gedichtband „Auf Kypros" von M a r i e  M a d e l e i n e. Sie hat eine Reihe recht lockerer Gedichte geschrieben, vor denen die Tugend schamhaft das Haupt umhüllen muß. Aber das ist hier kein Kampf mehr gegen Sitte und Vorurteil; das ist junger Übermut, den es reizt, mit alten Tanten und Philistern anzubinden. Dem jugendlichen Geist bedeutet die Entrüstung des Philisters mehr als Beifall und Anerkennung. Im übrigen giebt Marie Madeleine in ihren schönsten Gedichten die künstlerische Beichte ihrer Seele, einer jungen Mädchenseele, die unter dem Einfluß der Zeit ein wenig mit der Finde-siècle-Müdigkeit kokettiert, die aber im Grunde doch eine starke leidenschaftliche Natur birgt. Eine solche Beichte enthüllen auch die „Lieder eines werdenden Weibes" von M a r g a r e t e  B r u n s. Was Anna Ritter aus der rückschauenden Erinnerung der reifen Frau heraus in ihrer hübschen Gedichtreihe „Der erste Ball" schilderte: das bange Glück der ersten Mädchenliebe — das strömt nun rein und unmittelbar aus einem jungen Mädchenherzen selber.

Ganz neue Töne erklingen hier, die bisher in der deutschen Frauendichtung noch nicht gehört wurden, da fast immer erst die reife Frau den Mut zum Bekenntnis errang.

Eine selten tiefe und reiche Begabung, voller Entwicklung und Zukunft, offenbart sich in Margarete Beutler, die erst mit wenigen Gedichten in Zeitschriften an die Öffentlichkeit getreten ist. Ihre Dichtung durchläuft noch einmal die ganze Entwicklung der Frau, um dann in ihren eigenen Sonnenschein hineinzuwachsen. Sie singt das Sehnsuchtslied der Frau, mit ganz reinem Klang, ohne jede verstimmende Absicht. Sie gestaltet soziale Lebensbilder voll großer unmittelbarer Anschauung wie „Die Kommenden." Sie schildert aus tiefem Mitgefühl heraus das Leid ihrer unterlegenen Schwestern wie in den wunderbaren Gedichten „Die alte Lehrerin" und „Schwester, komm mit!" Sie beherrscht alle Töne: neben dem reinen schlichten Lied steht das große Zeitbild, neben dem Sehnsuchtsgedicht der Jubelhymnus auf Sonne und Leben. Ihre Kunst ist ihr Sieg und ihre Befreiung. Sie steht ganz auf ihrer eigenen Erde und darf die stolzen Mahnworte sprechen:

„Reibt euch die Augen, werdet endlich wach!
Die Zeit ist da — und so viel Feld liegt brach.

„Und so viel Freude will genossen sein!
Thut ab das giftge Kleid der Sehnsuchtpein
Und wachst hinein in meinen Sonnenschein!"

Die Zeit sommerlicher Reife, segenschwerer Erfüllung scheint nahe zu sein für die Frau, da jeder Zweig an ihrem Lebensbaum voller Früchte hängen und das Saitenspiel ihrer Seele hell und rein erklingen wird.

Waren, September 1900.

Paul Remer.

# Annette von Droste-Hülshoff

Annette von Droste-Hülshoff wurde am 10. Januar 1797 auf dem Gute Hülshoff bei Münster (Westfalen) geboren. Sie gehörte einer alten Familie von ritterbürtigen Patriziern der Stadt Münster an. Den größten Teil ihres Lebens verbrachte sie in ihrer westfälischen Heimat, anf deren Boden ihre schönsten Dichtungen erwuchsen. Sie blieb unvermählt und starb am 24. Mai 1848 auf dem Schlosse Meersburg am Bodensee.

Gedichte 1838.

Das geistliche Jahr 1852.

Letzte Gaben 1860.

Annette von Droste-Hülshoff

## Die rechte Stunde

Im heitern Saal beim Kerzenlicht,
Wenn alle Lippen sprühen Funken —
Und gar, vom Sonnenscheine trunken,
Wenn jeder Finger Blumen bricht —
Und vollends an geliebtem Munde,
Wenn die Natur in Flammen schwimmt —
Das ist sie nicht, die rechte Stunde,
Die dir der Genius bestimmt.

Doch wenn so Tag als Lust versank,
Dann wirst du schon ein Plätzchen wissen,
Vielleicht in deines Sofas Kissen,
Vielleicht auf einer Gartenbank:
Dann klingt's wie halbverstandne Weise,
Wie halbverwischter Farben Guß
Verrinnt's um dich, und leise, leise
Berührt dich dann dein Genius.

## Not

Was redet ihr so viel von Angst und Not
In eurem tadellosen Treiben?
Ihr frommen Leute, schlagt die Sorge tot,
Sie will ja doch nicht bei euch bleiben!

Doch wo die Not, um die das Mitleid weint,
Nur wie der Tropfen an des Trinkers Hand,
Indes die dunkle Flut, die Keiner meint,
Verborgen steht bis an der Seele Rand —

Ihr frommen Leute wollt die Sorge kennen
Und habt doch nie die Schuld gesehn!
Doch sie, sie dürfen schon das Leben nennen
Und seine grauenvollen Höhn!

Hinauf schallt's wie Gesang und Loben,
Und um die Blumen spielt der Strahl —
Die Menschen wohnen still im Thal,
Die dunklen Geier horsten droben.

## Am Turme

Ich steh auf hohem Balkone am Turm,
Umstrichen vom schreienden Staare,
Und laß gleich einer Mänade den Sturm
Mir wühlen im flatternden Haare;
O wilder Geselle, o toller Fant,
Ich möchte dich kräftig umschlingen
Und Sehne an Sehne, zwei Schritte vom Rand,
Auf Tod und Leben dann ringen!

Und drunten seh ich am Strand, so frisch
Wie spielende Doggen, die Wellen
Sich tummeln rings mit Geklaff und Gezisch
Und glänzende Flocken schnellen.
O, springen möcht ich hinein alsbald,
Recht in die tobende Meute,
Und jagen durch den korallenen Wald
Das Walroß, die lustige Beute!

Und drüben seh ich ein Wimpel wehn
So keck wie eine Standarte;
Seh auf und nieder den Kiel sich drehn
Von meiner luftigen Warte;
O sitzen möcht ich im kämpfenden Schiff,
Das Steuerruder ergreifen,

Und zischend über das brandende Riff
Wie eine Seemöve streifen!

Wär ich ein Jäger auf freier Flur,
Ein Stück nur von einem Soldaten,
Wär ich ein Mann doch mindestens nur,
So würde der Himmel mir raten;
Nun muß ich sitzen so fein und klar,
Gleich einem artigen Kinde,
Und darf nur heimlich lösen mein Haar
Und lassen es flattern im Winde!

## Die junge Mutter

Im grün verhangnen duftigen Gemach
Auf weißen Kissen liegt die junge Mutter;
Wie brennt die Stirn! sie hebt das Auge schwach
Zum Bauer, wo die Nachtigall das Futter
Den nackten Jungen reicht: „Mein armes Tier,“
So flüstert sie, „und bist du auch gefangen
Gleich mir, wenn draußen Lenz und Sonne prangen
So hast du deine Kleinen doch bei dir.“

Den Vorhang hebt die graue Wärterin
Und legt den Finger mahnend auf die Lippen;
Die Kranke dreht das schwere Auge hin,
Gefällig will sie von dem Tranke nippen;
Er mundet schon, und ihre bleiche Hand
Faßt fester den Kryſtall — o milde Labe! —
„Elisabeth, was macht mein kleiner Knabe?“
„Er schläft,“ verſetzt die Alte abgewandt.

Wie mag er zierlich liegen! — Kleines Ding! —
Und selig lächelnd sinkt sie in die Kissen;
Ob man den Schleier um die Wiege hing,
Den Schleier, der am Erntefeſt zerriſſen?
Man sieht es kaum, sie flickte ihn so nett,
Daß alle Frauen höchlich es gepriesen,

Und eine Ranke ließ sie drüber sprießen.
„Was läutet man im Dom, Elisabeth?" —


„Madame, wir haben heut Mariatag."
So hoch im Mond? sie kann sich nicht besinnen. —
Wie war es nur? — doch ihr Gehirn ist schwach,
Und leise suchend zieht sie aus den Linnen
Ein Häubchen, in dem Strahle kümmerlich
Läßt sie den Faden in die Nadel gleiten;
So ganz verborgen will sie es bereiten,
Und leise, leise zieht sie Stich um Stich.


Da öffnet knarrend sich die Kammerthür,
Vorsichtge Schritte über'n Teppich schleichen.
„Ich schlafe nicht, Rainer, komm her, komm hier!
Wann wird man endlich mir den Knaben reichen?"
Der Gatte blickt verstohlen himmelwärts,
Küßt wie ein Hauch die kleinen weißen Hände:
„Geduld, Geduld, mein Liebchen, bis zum Ende!
Du bist noch gar zu leidend, gutes Herz." —


„Du duftest Weihrauch, Mann." — „Ich war
im Dom;
Schlaf, Kind!" — und wieder gleitet er von dannen.

Sie aber näht, und liebliches Phantom
Spielt um ihr Aug von Auen, Blumen, Tannen. —
Ach, wenn du wieder siehst die grüne Au,
Siehst über einem kleinen Hügel schwanken
Den Tannenzweig und Blumen drüber ranken,
Dann tröste Gott dich, arme junge Frau!

## Die beschränkte Frau

Ein Krämer hatte eine Frau,
Die war ihm schier zu sanft und milde,
Ihr Haar zu licht, ihr Aug zu blau,
Zu gleich ihr Blick dem Mondenschilde;
Wenn er sie sah so still und sacht
Im Hause gleiten wie ein Schemen,
Dann faßt es ihn wie böse Macht,
Er mußte sich zusammennehmen.

Vor allem macht ihm Überdruß
Ein Wort, das sie an alles knüpfte,
Das freilich in der Rede Fluß
Gedankenlos dem Mund entschlüpfte:
„In Gottes Namen" sprach sie dann,
Wenn schwere Prüfungsstunden kamen,
Und wenn zu Weine ging ihr Mann,
Dann sprach sie auch: „In Gottes Namen."

Das schien ihm lächerlich und dumm,
Mitunter frevelhaft vermessen;
Oft schalt er, und sie weinte drum
Und hat es immer doch vergessen.
Gewöhnung war es früher Zeit
Und klösterlich verlebter Jugend;

So war es keine Sündlichkeit
Und war auch eben keine Tugend.

Ein Sprichwort sagt: wem gar nichts fehlt,
Den ärgert an der Wand die Fliege;
So hat dies Wort ihn mehr gequält
Als Andrer Hinterlist und Lüge.
Und sprach sie sanft: „Es paßte schlecht!"
Durch Demut seinen Groll zu zähmen,
So schwur er, übel oder recht,
Werd es ihn ärgern und beschämen.

Ein Blütenhag war seine Lust.
Einst sah die Frau ihn sinnend stehen
Und ganz versunken, unbewußt,
So Zweig an Zweig vom Strauche drehen;
„In Gottes Namen!" rief sie, „Mann,
Du ruinierst den ganzen Hagen!"
Der Gatte sah sie grimmig an,
Fürwahr, fast hätt er sie geschlagen.

Doch wer da Unglück sucht und Reu,
Dem werden sie entgegeneilen,
Der Handel ist ein zart Gebäu
Und ruht gar sehr auf fremden Säulen.

Ein Freund falliert, ein Schuldner flieht,
Ein Gläubger will sich nicht gedulden,
Und eh ein halbes Jahr verzieht,
Weiß unser Krämer sich in Schulden.

Die Gattin hat ihn oft gesehn
Gedankenvoll im Sande waten,
Am Kontobuche seufzend stehn
Und hat ihn endlich auch erraten;
Sie öffnet heimlich ihren Schrein,
Langt aus verborgener Fächer Grube,
Dann leise, wie der Mondenschein,
Schlüpft sie in ihres Mannes Stube.

Der saß, die schwere Stirn gestützt,
Und rauchte fort am kalten Rohre:
„Karl!" drang ein scheues Flüstern itzt
Und wieder „Karl!" zu seinem Ohre;
Sie stand vor ihm, wie Blut so rot,
Als gält es eine Schuld gestehen.
„Karl," sprach sie, „wenn uns Unheil droht,
Ist's denn unmöglich, ihm entgehen?"

Drauf reicht sie aus der Schürze dar
Ein Säckchen, stramm und schwer zu tragen,

Drin alles, was sie achtzehn Jahr
Erspart am eigenen Behagen.
Er sah sie an mit raschem Blick
Und zählte, zählte nun auf's neue,
Dann sprach er seufzend: „Mein Geschick
Ist zu verwirrt — dies langt wie Spreue!"

Sie bot ein Blatt und wandt sich um,
Erzitternd, glüh gleich der Granate;
Es war ihr kleines Eigentum,
Das Erbteil einer frommen Pate.
„Nein," sprach der Mann, „das soll nicht sein!"
Und klopfte freundlich ihre Wangen.
Dann warf er einen Blick hinein
Und sagte dumpf: „Schier möcht es langen!"

Nun nahm sie aus der Schürze Grund
All ihre armen Herrlichkeiten,
Theelöffelchen, Dukaten rund,
Was ihr geschenkt von Kindeszeiten.
Sie gab es mit so freudgem Zug!
Doch war's, als ob ihr Mund sich regte,
Als sie zuletzt auf's Kontobuch
Der selgen Mutter Trauring legte.

„Fast langt es," sprach gerührt der Mann,
„Und dennoch kann es schmählich enden;

Willst du dein Leben dann fortan,
Geplündert, fristen mit den Händen?"
Sie sah ihn an — nur Liebe weiß
An liebem Blicke so zu hangen —
„In Gottes Namen!" sprach sie leis,
Und weinend hielt er sie umfangen.

## Der Heidemann

„Geht, Kinder, nicht zu weit ins Bruch,
Die Sonne sinkt, schon surrt den Flug
Die Biene matter, schlafgehemmt,
Am Grunde schwimmt ein blasses Tuch,
Der Heidemann kömmt!" —

Die Knaben spielen fort am Raine,
Sie rupfen Gräser, schnellen Steine,
Sie plätschern in des Teiches Rinne,
Erhaschen die Phalän am Ried
Und freun sich, wenn die Wasserspinne
Langbeinig in die Binsen flieht.

„Ihr Kinder, legt euch nicht ins Gras!
Seht, wo noch grad die Biene saß,
Wie weißer Hauch die Glocken füllt.
Scheu aus dem Busche glotzt der Has,
Der Heidemann schwillt!" —

Kaum hebt ihr schweres Haupt die Schmehle
Noch aus dem Dunst, in seine Höhle
Schiebt sich der Käfer, und am Halme
Die träge Motte höher kreucht,
Sich flüchtend vor dem feuchten Qualme,
Der unter ihre Flügel steigt.

„Ihr Kinder, haltet euch bei Haus!
Lauft ja nicht in das Bruch hinaus;
Seht, wie bereits der Dorn ergraut,
Die Drossel ächzt zum Nest hinaus,
Der Heidemann braut!" —

Man sieht des Hirten Pfeife glimmen
Und vor ihm her die Herde schwimmen,
Wie Proteus seine Robbenscharen
Heimschwemmt im grauen Ozean.
Am Dach die Schwalben zwitschernd fahren,
Und melancholisch kräht der Hahn.

„Ihr Kinder, bleibt am Hofe dicht!
Seht, wie die feuchte Nebelschicht
Schon an des Pförtchens Klinke reicht;
Am Grunde schwimmt ein falsches Licht,
Der Heidemann steigt!" —

Nun strecken nur der Föhren Wipfel
Noch aus dem Dunste grüne Gipfel,
Wie über'n Schnee Wachholderbüsche;
Ein leises Brodeln quillt im Moor,
Ein schwaches Schrillen, ein Gezische
Dringt aus der Niederung hervor.

„Ihr Kinder kommt, kommt schnell herein
Das Irrlicht zündet seinen Schein,
Die Kröte schwillt, die Schlang im Ried;
Jetzt ist's unheimlich draußen sein,
Der Heidemann zieht!" —

Nun sinkt die letzte Nadel, rauchend
Zergeht die Fichte, langsam tauchend
Steigt Nebelschemen aus dem Moore,
Mit Hünenschritten gleitet's fort;
Ein irres Leuchten zuckt im Rohre,
Der Krötenchor beginnt am Bord.

Und plötzlich scheint ein schwaches Glühen
Des Hünen Glieder zu durchziehen;
Es siedet auf, es färbt die Wellen,
Der Nord, der Nord entzündet sich —
Glutpfeile, Feuerspeere schnellen,
Der Horizont ein Lavastrich!

„Gott gnad uns! Wie es zuckt und dräut,
Wie's schwehlet an der Dünenscheid!
Ihr Kinder, faltet eure Händ,
Das bringt uns Pest und teure Zeit —
Der Heidemann brennt!"

## Das Haus in der Heide

Wie lauscht, vom Abendschein umzuckt,
Die strohgedeckte Hütte,
Recht wie im Nest der Vogel duckt,
Aus dunkler Föhren Mitte.

Am Fensterloche streckt das Haupt
Die weißgestirnte Stärke,
Bläst in den Abendduft und schnaubt
Und stößt an's Holzgewerke.

Seitab ein Gärtchen, dornumhegt,
Mit reinlichem Gelände,
Wo matt ihr Haupt die Glocke trägt,
Aufrecht die Sonnenwende.

Und drinnen kniet ein stilles Kind,
Das scheint den Grund zu jäten,
Nun pflückt sie eine Lilie lind
Und wandelt längs den Beeten.

Am Horizonte Hirten, die
Im Heidekraut sich strecken
Und mit des Aves Melodie
Träumende Lüfte wecken.

Und von der Tenne ab und an
Schallt es wie Hammerschläge,
Der Hobel rauscht, es fällt der Span,
Und langsam knarrt die Säge.

Da hebt der Abendstern gemach
Sich aus den Föhrenzweigen,
Und grade ob der Hütte Dach
Scheint er sich mild zu neigen.

Es ist ein Bild, wie still und heiß
Es alte Meister hegten,
Kunstvolle Mönche, und mit Fleiß
Es auf den Goldgrund legten:

Der Zimmermann — die Hirten gleich
Mit ihrem frommen Liede,
Die Jungfrau mit dem Lilienzweig
Und rings der Gottesfriede.

Des Sternes wunderlich Geleucht
Aus zarten Wolkenfloren —
Ist etwa hier im Stall vielleicht
Christkindlein heut geboren?

## Der Weiher

Er liegt so still im Morgenlicht,
So friedlich wie ein fromm Gewissen;
Wenn Weste seinen Spiegel küssen,
Des Ufers Blume fühlt es nicht;
Libellen zittern über ihn,
Blaugoldne Stäbchen und Karmin,
Und auf des Sonnenbildes Glanz
Die Wasserspinne führt den Tanz;
Schwertlilienkranz am Ufer steht
Und horcht des Schilfes Schlummerliede;
Ein lindes Säuseln kommt und geht,
Als flüstr' es: Friede! Friede! Friede!

# Luise von Ploennies

Luise von Ploennies wurde am 7. November 1803 als Tochter des Naturforschers Joh. Phil. Leisler zu Hanau geboren. 1824 vermählte sie sich mit dem Medizinalrat Dr. August von Ploennies, Leibarzt in Darmstadt. Für ihr Werk „Reiseerinnerungen aus Belgien" (1845) wurde sie von der Königlichen Akademie in Brüssel zum Mitglied ernannt. Sie starb am 22. Januar 1872 in Darmstadt.

Gedichte 1844.

Abälard und Heloise 1849.

Neue Gedichte 1851.

## Schön Jeffy

Schön Jeffy ging zum Bronnen,
Da sang die Nachtigall:
Bald ist der Mai verronnen
Mit seinen Blumen all —
Glückselig sind zu nennen,
Die jung im Mai erbleichen
Und sich vom Leben trennen
Wie Rosen von den Zweigen.


Schön Jeffy betet leise,
Die Hände kreuzte sie:
„Ich sprech zu deinem Preise
Ein Ave, Frau Marie."
Kaum daß sie ausgesprochen,
Neigt sie das Haupt zur Ruh,
Da war ihr Herz gebrochen,
Da sank ihr Auge zu.


Da flog herbei zum Bronnen,
Da sang die Nachtigall:
Bald ist der Mai verronnen
Mit seinen Blumen all,

Glückselig sind zu nennen,
Die jung im Mai erbleichen
Und sich vom Leben trennen
Wie Rosen von den Zweigen.

## Frau Silberlind

Die Wolken jagen pfeilgeschwind,
Der Nachtwind pfeift im Rohre,
Da steht verzagt ein Kind und klagt
Vor seines Vaters Thore.

Herr Ulf verträumt den nächtgen Wind
In warmen Liebesbanden —
Da steigt empor Frau Silberlind
In wallenden Grabgewanden.

Sie geht auf's kleine Pförtchen zu,
Da steht ihr Kind im Hemde:
„Ach komm herein, mein Mütterlein,
Mich stieß hinaus die Fremde!"

Die Mutter an des Kindes Hand
Geht in die Kinderstube:
„So kalt wie hier ist's nicht bei mir
Da drunten in der Grube."

Sie hebt die Kleinen auf das Knie,
Kämmt ihre blonden Haare;
Die Thrän der Frau wie kalter Thau
Rollt nieder schwer und klare . . .

— — — — — — — — —

Sie nimmt den Säugling an die Brust,
Voran das Größte schreitet,
Zwei an der Hand, zwei am Gewand,
Sie aus der Thüre gleitet.

Sie tritt mit ihnen aus dem Haus,
Viel tausend Sterne funkeln;
Wie hängen sich, wie drängen sich
Die Kinder an im Dunkeln.

Durch's stille Dorf und immerzu,
Der Kirchhof liegt so ferne;
Der Hund schlägt an, es kräht der Hahn,
Schon werden bleich die Sterne.

Hoch über'n steilen Mühlensteg,
Das Rad beginnt zu stocken.
Doch horch! da drang von fern der Klang
Der hellen Morgenglocken.

Dort steigt aus dunkler Linden Kranz
Der Kirchturm der Kapelle,
Der Tag erwacht, es flieht die Nacht,
Der Morgen dämmert helle.

76

Da geht zum grünen Friedhof ein
Die Mutter mit den Kleinen —
Sie schlafen gut in ihrer Hut,
Und niemand hört sie weinen . .

## Sonette
### (Aus „Abälard und Heloise")

### 1.

Ich leb so ganz in jenen Lenzestagen
Mit meiner Seele und mit allen Sinnen,
Daß alle Tropfen, die zum Herzen rinnen,
Die Gluten ihrer Sonnen in sich tragen.

So Tag und Nacht, bei starkem Herzenschlagen,
Such ich im Kreise frommer Beterinnen
Umsonst der Seele Frieden zu gewinnen,
Ach, alle Hymnen werden Sehnsuchtsklagen.

Oft hingesunken vor der Jungfrau Bilde,
Fleh ich umsonst zu ihrer heilgen Milde,
Sie blickt auf mich hernieder streng und kalt —

Sind denn die Gluten, die mein Sein verzehren,
Nicht auch ein Funken jener Lieb, der hehren,
Die einst am Kreuze himmelan gewallt?

## 2.

So hob er aus den Flammen Magdalenen
Und trug sie in der Liebe Heimatland
Und löschte ihrer Sünden Todesbrand
Mit seines Gottesauges heilgen Thränen.

Und immer war's der Frauen reines Sehnen,
Das tief den Weg zu seinem Herzen fand,
Und sie auch sah man treu am Grabesrand
Gleich Marmorbildern tiefer Trauer lehnen.

Und als die Gruft gesprengt, da durften Frauen
Den Lebensengel in den Lichtgewanden
Zuerst mit den verweinten Augen schauen;

Vor allen sie, die Schuld durch Lieb gebüßet,
Denn zu ihr trat der Gott, der auferstanden,
Und sprach mit sanftem Tone: Sei gegrüßet!

## Mir fiel eine weiße Flocke

Mir fiel eine weiße Flocke
Auf's Haupt; als schmolz der Reif,
Blieb in der dunklen Locke
Zurück ein heller Streif.

Er taucht wie der silberweiße
Faden der Parzen auf,
Du aber lege leise
Deiner Liebe Rose darauf.

# Sofie Dethleffs

Sofie Dethleffs wurde am 10. Februar 1809 zu Heide in Dithmarschen geboren. Sie lebte viele Jahre in ihrer Vaterstadt, in engen dürftigen Verhältnissen, bis sie 1853 in dem Schröderstifte bei Hamburg eine freundliche Unterkunft fand. Sie starb dort unvermählt am 13. März 1864.

Gedichte 1850 (5. Auflage, herausgegeben von Klaus Groth, 1878).

Gelegenheitsgedichte in hochdeutscher und plattdeutscher Mundart 1861.

## Habe acht auf dich

O habe acht auf dich in Wort und Blicken,
Sprich nicht von Liebe, wo's nicht darf geschehn!
Es ist so leicht, den Dorn in's Herz zu drücken,
Das dann verblutet still und ungesehn.

Du gehst hinaus in das bewegte Leben
Und lachst und liebst und denkst nicht mehr daran;
Du mußt die Zukunft handelnd dir erstreben,
Der rasche Wechsel reizt den rüstgen Mann.

Doch sie vergaß nicht, sie hat tief im Herzen
Sich jeden Blick bewahrt und jedes Wort,
Dort lebt Erinnrung ihr mit tausend Schmerzen,
Dort lebt dein Bild und ihre Liebe fort.

Sie wird zu Gott um ihren Frieden beten,
Den du für immer achtlos ihr zerstört;
Denn ihren Frühling hat dein Fuß zertreten,
Und ihre Blüten hast du ihr verheert.

Sie wird nicht klagen, wird dir still vergeben,
Dir jeder Tugend milden Glanz verleihn;
Doch ihr so früh geknicktes Jugendleben
Wird eine Klage vor dem Richter sein.

# Aus der Kirche
## (Ein Sonntagsbild)

Noch klingelte es laut und helle
Herab vom nahen Gotteshaus,
Und aus der Kirch, wie Well um Welle,
Drängt die Gemeinde sich heraus.

Die Männer in dem Sonntagsstaate,
Den Hut voll Ehrfurcht in der Hand,
Verweilten, bis der Pfarrer nahte,
Bescheiden an der Kirchhofswand.

Die Frauen schwenkten ihre Röcke
Im langgewohnten Kirchentritt
Und führten für die Armenblöcke
Behutsam ihren Dreier mit.

Dann kam der Küster mit der Menge
Der Jugend militärisch an
Und machte sich durch das Gedränge,
Wie's ihm gebührte, stattlich Bahn.

Die Jungen schwenkten ihre Hüte
Und stiefelten vergnügt nach Haus
Und waren fröhlich im Gemüte,
Daß endlich doch die Kirche aus.

84

Es war ein schöner Sonntagmorgen,
Der Himmel lachte blau und rein,
Und auch kein Wölkchen hielt verborgen
Der Sonne freundlich hellen Schein.

Sie schaute mild und licht hernieder
Auf das bescheidne Stückchen Land,
Wo grün umkränzt von Eich und Flieder
Der kleine Gottestempel stand —

Wo Hügel sich an Hügel schmiegten
Und wo am Kreuz, vom Wind bewegt,
Sich halb entlaubte Kränze wiegten,
Die dort die Liebe hingelegt . . .

## De Ole un dat Kind

Se harrn sik so von Harten leew,
De Ole un dat Kind,
Se föhr[1]) em jümmer bi de Hand,
De ole Mann weer blind.

Se gung mit em herut in't Feld
De blanke Beek[2]) entlank;
Da seet he ünner gröne Böm
In Schatten op de Bank.

Denn huck[3]) dat lüttje bleke Kind
Still bi den olen Mann,
Leggt an sin Knee den lüttjen Kopp
Un seeg em trurig an:

„Grotvader, bi den leewen Gott
Da is't wul ok so schön?
Da singt de Vageln ok so hell
Un is dat Holt so grön?

Grotvader, wenn dei Hadbar treckt,[4])
Wo is din Anna denn?

---

[1]) föhr = führte.  [2]) Beek = Bach.  [3]) huck = hockte
[4]) dei Hadbar treckt = der Storch zieht.

Un wenn dei Kukuk wedder röppt,
Wo is din Anna denn?

Ick heww wull hört, wat Moder sä,[1]
Jüm dachen,[2] dat ick sleep:
,Dat weer dat beste voer dat Kind,
Wenn Gott ehr to sick reep!'

Un wenn de leewe Gott mi röppt,
Denn bist du so alleen;
Wenn du din Anna nich mehr hest,
Wer schall denn voer di sehn?

Denn geihst du nich in't gröne Holt
Un hörst de Drossel slahn —
Grotvader, ick weer nich bedrömt,[3]
Kunnst du man mit mi gahn!

Wenn di de leewe Gott nu röppt,
Denn hest du nich din Kind —
Wer schall mit di na'n Himmel gahn?
Grotvader, du bist blind!"

---

[1] sä = sagte.  [2] jüm dachen = ihr dachtet.  [3] bedrömt = betrübt.

# De Arbeitsmann

Du söte Gott, wo ward een't sur
Um't leewe däglich Brod!
Mitünner kummt een denn so'n Schur,[1]
Denn föhlt man rech sin Not.

Dat Hus vull Kinner und keen Korn,
Un jümmer 'n leddig Fatt,
Dat stickt in't Hart, as weert'n Dorn,
Un makt een doch nich satt.

De Arbeit hett keen rechten Daeg,[2]
Dat will nich mehr so gau,[3]
Man hett'n nich sin bettjen Pleg[4]
Un ward all olt un grau.

Man sorgt un grawt[5] Dag in, Dag ut,
Un is de Welt wul schön —
Man sieht da nich na op un ut,
Krigt nicks davon to sehn.

Man grawt un grawt in suren Sweet[6] —
Dat fahrt un ritt un geiht,

---

[1] Schur = Regenschauer.  [2] Daeg = Ertrag.
[3] gau = schnell.  [4] Pleg = Pflege.  [5] grawt = gräbt.
[6] Sweet = Schweiß.

Un keener süht sik um un weet,
Wo weh dat Hart een deit.

Ja, wenn de rieke Mann so kenn'
De arme Mann sin Not,
Ick glöw gewiß, denn gung hei hen
Und deel[1]) mit em sin Brot.

---

[1]) deel = teilte.

# Ol Juchen

„Clas Hinners, wul begrawt jüm glik?
Du bist in'n swarten Rock."
„De ole Juchen achter'n Dik,[1]
De mit den Been so trock!"[2]

„Du leewe Gott, dat ole Seel!
He stunn so ganz alleen,
He harr ok op de Welt sin Deel,
Hett nich vel Freuden sehn.

He weer so lüttjet un so krumm,
Weer jümmers so in Not;
Se stötten wat mit em herum,
He eet dat Gnadenbrod.

Nu liggt he in sin platte Sark,
Wo selig he wul slept,
Da ünner'n Fleder bi de Kark,[3]
Bit unse Herr em rept!

Nu is dat allens gut un rech,
Ob liek[4] he oder krumm —
So lopt wul aewer em eins weg,
Doch stöt se em nich um!"

---
[1]) Dik = Teich. [2]) trock = zog. [3]) Kark = Kirche.
[4]) liek = gerade.

90

# Betty Paoli

Betty Paoli (Babette Elisabeth Glück) wurde am 30. Dezember 1814 in Wien geboren. Nach dem Tode der Eltern und nach Verlust des väterlichen Vermögens machte sie Zeiten schwerer Sorge durch, bis sie im Jahre 1843 Gesellschaftsdame der Fürstin Schwarzenberg in Wien wurde, einer hochstehenden Frau, die der Dichterin volles Verständnis entgegenbrachte. Auch nach deren Tod (1848) behielt Betty Paoli, von einigen Reisen ins Ausland abgesehn, ihren Wohnsitz in Wien. Sie starb unvermählt am 5. Juli 1894 in Baden bei Wien.

Gedichte 1841.

Nach dem Gewitter 1843.

Romanzero 1845.

Neue Gedichte 1850.

Lyrisches und Episches 1856.

Neueste Gedichte 1869.

Gedichte (Auswahl und Nachlese) 1895.

# Wandlung

Willst du erschaun, wie viel ein Herz kann tragen,
    O blick in meins!
So reich an Wunden, vom Geschick geschlagen,
    War wohl noch keins.
Doch mitten in den wütendsten Orkanen
    Erhob ich mich,
Und schritt dahin auf meinen fernen Bahnen —
    Wie stark war ich!

Wie ward mir doch nun so mit einem Male
    Die Kraft geraubt?
Es trotzte mutig dem Gewitterstrahle
    Mein stolzes Haupt,
Doch als du zu mir sprachst mit leisem Grüßen:
    „Ich liebe dich!"
Da sank ich still und weinend dir zu Füßen —
    Wie schwach bin ich!

## Mit dir!

Nimm mich mit, wohin dein Fuß
Auf des Lebens Pfaden gehet,
Denn da weht mir Heimatgruß,
Wo dein süßer Atem wehet.

Nimm mich mit, wenn kühn dein Geist
Fliegt durch alle Himmelsräume
Und zur Erde, die verwaist,
Bringt des Jenseits goldne Träume.

Nimm mich mit, wenn in's Gefecht,
Wo du heldenherrlich streitest
Für der Menschheit heilig Recht,
Du, ein edler Ritter, schreitest.

Nimm mich mit, wenn still, gebückt
Zu der tiefen Geistesquelle,
Deine Seele sich erquickt
Mit des Denkens Lebenswelle.

Nimm mich mit, es sei dein Teil
Wonne, Jammer, Leben, Sterben!
Nimm mich mit in's ewge Heil
Und in's ewige Verderben!

# Gabe

Alles hinzugeben
Ist der Liebe Brauch;
Nimm denn hin mein Leben
Und mein Sterben auch!

Aller meiner Lieder
Sanften Schmeichellaut,
Die ein Eden wieder
Sich aus Schutt erbaut!

Alle Lichtgedanken,
Die an Glück und Leid
Kühn sich aufwärts ranken
In die Ewigkeit.

All mein stilles Sehnen,
Innig dir vertraut,
Das in selgen Thränen
Auf dich niedertaut!

Nimm, daß nichts dir fehle,
Wenn die Stunde ruft,
Meine ganze Seele
Hin als Opferduft!

## Stille

Wenn ein Kranker schlummernd liegt,
Mild vom Traumesarm gewiegt,
Schweigen alle im Gemache,
Daß der Arme nicht erwache.

Leis ihr Hauch und stumm ihr Mund,
Kaum berührt ihr Fuß den Grund —
Und der Kranke schlummert weiter,
Ruhbeseligt, traumesheiter.

Innig fleh ich jetzt zu dir:
Halte du es so mit mir,
Mit dem tieferschöpften Herzen,
Das entschlummert ist voll Schmerzen.

Halb verblutet, schläft es fort,
Weck es nicht mit deinem Wort;
Trage schonendes Erbarmen
Mit dem kranken, müden, armen.

Willst du's wecken, sei's zum Glück,
Kannst du dies nicht, tritt zurück!
Gieße Gift nicht in die Neige
Meines Lebens — schweige! schweige!

# Die Vergangenheit

Mir ist, als legten leise
Sich Nebel um mich her,
Vom bunten Menschenkreise
Mich scheidend mehr und mehr.
Erinnerungen sind es,
Aus Lust und Leid gewebt,
Die man, will's ein gelindes
Geschick, mit mir begräbt!

Mir ist, als brauste, grollte
Um mich ein Ozean,
Den ich, wie gern ich wollte,
Nicht überbrücken kann.
Dies Meer, deß banger Klage
Die Seele träumend lauscht,
Es sind die fernen Tage,
Die an mir hingerauscht!

Vereinsamt im Gewühle,
Das rastlos drängt und schafft,
Vergangenheit! wie fühle
Ich mich in deiner Haft!
Erschöpft vom Lebensstreite,
Den Wunsch auf nichts gestellt,
Ein dunkler Schatten gleite
Ich durch die blühnde Welt!

## In späten Jahren

Mit Jenen nicht, die mich umgeben,
Verbring ich diesen Rest von Leben,
Nein! mit der Heimgegangnen Schar.
Mit ihnen, die in fernen Tagen
Mich sahn in meiner Blüte ragen,
Und deren Zeit die meine war!

Beim Fest, im dichtgedrängten Saale,
Im stillen Wald beim Mondesstrahle
Verfolg ich träumend ihre Spur;
Und hier wie dort, auf allen Wegen
Tritt mir vertraut ihr Bild entgegen,
Nur reiner und verklärter nur!

Und aus dem Mund der teuren Schemen
Mein ich die Frage zu vernehmen,
Die mir im eignen Herzen brennt:
„Allein, allein auf dieser Erde,
Was hoffst du wohl, daß dir noch werde?
Was hält dich noch von uns getrennt?"

# Marie von Ebner-Eschenbach

Marie von Ebner-Eschenbach (geborene Gräfin Dubsky) wurde am 13. September 1830 zu Zdislavic in Mähren geboren. Sie erhielt eine sorgfältige Erziehung und wurde insbesondere durch ihre Stiefmutter zeitig mit der besten deutschen Literatur bekannt. In Wien verkehrte sie in den Heinrich Laube nahestehenden literarischen Kreisen, und in den sechsziger Jahren trat sie mit ihren ersten Werken an die Öffentlichkeit. Im Jahre 1848 hatte sie sich mit dem Hauptmann, späteren Feldmarschall-Leutnant Baron Ebner von Eschenbach vermählt. Die Dichterin lebt in Wien.

Parabeln, Märchen und Gedichte 1892

# Das Schiff

Das eilende Schiff, es kommt durch die Wogen
Wie Sturmwind geflogen.

Voll Jubel ertönt's vom Mast und vom Kiele:
„Wir nahen dem Ziele."

Der Fährmann am Steuer spricht traurig und leise:
„Wir segeln im Kreise."

## Gänsezug

Die erste Gans im Gänsezug,
Sie schnattert: „Seht, ich führe!"
Die letzte Gans im Gänsezug,
Sie schnattert: Seht, ich leite!"

Und jede Gans im Gänsezug,
Sie denkt: „— Daß ich mich breite
So selbstbewußt, das kommt daher,
Weil ich, ein unumschränkter Herr,
Denn Weg mir wähl nach eignem Sinn,
All meiner Schritte Schreiter bin
Und meine Freiheit spüre!"

## Sankt Peter und der Blaustrumpf

Ein Weiblein klopft an's Himmelsthor,
Sankt Peter öffnet, guckt hervor:
— „Wer bist denn du?" — „Ein Strumpf, o Herr…"
Sie stockt, und milde mahnet er:
„Mein Kind, erkläre dich genauer,
Was für ein Strumpf?" „Vergieb — ein blauer."
Er aber grollt: „Man trifft die Sorte
Nicht häufig hier an unsrer Pforte.
Seid samt und sonders freie Geister,
Der Teufel ist gar oft nicht dreister,
Geh hin! er dürfte von dir wissen,
Der liebe Herrgott kann dich missen."
— „Das glaub ich wohl — doch ich nicht Ihn,
O Heilger, wolle noch verziehn!"
Sie wagt es, sein Gewand zu fassen,
Hat auf die Knie sich sinken lassen:
„Du starker Hort, verstoß mich nicht,
Laß blicken mich in's Angesicht
Des Ewgen, den ich stets gesucht."
— „In welcher Weise, ward gebucht;
Man strebt ihm nach, wie's vorgeschrieben,
Du bist uns fern und fremd geblieben."
Das Weib blickt flehend zu ihm auf:

„Wär dir bekannt mein Lebenslauf,
Du wüßtest, daß in selgen Stunden
Ich meinen Herrn und Gott gefunden."
Der Pförtner stutzt: „Allwo? — Sprich klar!"
— „Daselbst, wo ich zu Hause war,
(Mein Handwerk brachte das mit sich)
Im Menschenherzen. Wunderlich
War dort der Höchste wohl umgeben;
Oft blieb von seines Lichtes Weben
Ein glimmend Fünklein übrig nur
Und führte doch auf Gottes Spur.
Ob er sich nun auf dem Altare
Den Frommen reicher offenbare —
Das zu entscheiden ist dein Amt:
Bin ich erlöst? bin ich verdammt?"
Sankt Peter zu derselben Frist
Etwas verlegen worden ist,
Dacht eine gute Weile nach,
Nahm endlich doch das Wort. Er sprach
Und rückt dabei den Heilgenschein:
„Besprich es drin — ich laß dich ein."

# Liebeserklärung
## (Schluß)

— — Ich gedachte,
Wie mit der Zeit sich stets der Kreis erweitert,
In dem ich sucht und fand mein reinstes Glück:
Wie manches neue kleine Wesen kam,
Das einen Platz erstrebte zwischen uns
Und ihn erhielt und jedes obendrein
Bei seinem Eintritt auch mein ganzes Herz,
Das ganze Jedes — henkt die Mathematik!
Denn immer noch ein ganzes bleibt mir übrig,
Es zu verschenken, wenn es wieder gilt.
Nicht protzen möcht ich, aber solcher Reichtum
Ist unerhört in meinen hohen Jahren.
Ich dank ihn euch, so seid mir denn bedankt,
Ihr Großen und Ihr Kleinen, Fernen, Nahen.
Durch meiner Liebe, eurer Liebe Kraft
Begiebt an mir ein schönes Wunder sich:
„Die Kinderlose hat die meisten Kinder."

## Spruchverse

Verständnis für jedwedes Leid,
Erbarmen mild mit jedem Fehle;
Daran in dieser Zeitlichkeit
Erkennst du die erwählte Seele.

\*　\*　\*

Nur der das Leiden kennt,
Kennt auch ein heiß Erbarmen;
Der selber darbt, der giebt;
Großmütig sind die Armen.

## Ein kleines Lied

Ein kleines Lied, wie geht's nur an,
Daß man so lieb es haben kann,
Was liegt darin? erzähle!

Es liegt darin ein wenig Klang,
Ein wenig Wohllaut und Gesang
Und eine ganze Seele.

# Angelika von Hörmann

Angelika von Hörmann wurde am 28. April 1843 zu Innsbruck in Tirol geboren. Ihr Vater war der Universitätsprofessor und Dichter Matthias Geiger. Sie genoß eine sorgfältige Erziehung, verlor jedoch schon früh ihre Eltern. Im Jahre 1865 verheiratete sie sich mit dem Kulturhistoriker, jetzigen Direktor der Universitätsbibliothek von Innsbruck, Dr. Ludwig von Hörmann. Die Dichterin lebt mit ihrer Familie in Innsbruck.

Grüße aus Tirol 1869.

Auf stillen Wegen 1889.

Neue Gedichte 1892.

## Am Wege

Ein steinern Bildnis steht am Wege,
Bekränzt mit frischem Laubgewind,
Dem Heiligen zu frommer Pflege
Ersann die Zier ein Bauernkind.

So halt auch ich's mit meinen Grüßen;
Statt Blumen, üppig grün umlaubt,
Leg ich die Lieder dir zu Füßen
Und schling sie um dein schönes Haupt.

Und ob in Zürnen, ob in Hulden
Dein stolzer Sinn mir sei gewillt,
Daß ich dich schmücke, mußt du dulden
Gleich jenem kalten Heilgenbild.

# Mädchenlieder

## 1.

Was ihm an mir gefallen mag?
Zur Kammer schleich ich oft im Tag,
Schieb vor die Thür den Riegel
Und schau in meinen Spiegel.

Warum erwählt er nicht die Ros?
Bin eine schlichte Blume bloß
Und nimmer will's mir glücken,
Mich also hold zu schmücken.

Doch eine Zier ist mein fürwahr!
Die Schönste wär ich aus der Schar,
Stünd all mein treues Lieben
Im Antlitz mir geschrieben.

## 2.

Im Erker sitz ich früh und spät
Und führe die Nadel durchs Linnen,
Kaum hab ich ein paar Stiche genäht,
So lug ich über die Zinnen.

Erschallt vom Turm des Wächters Ruf,
So spring ich schnell vom Sitze,
Dröhnt auf der Brück ein Pferdehuf,
Durchzucken mich Freudenblitze.

Wie lausch ich, ob die Trepp empor
Ein rascher Tritt nicht klimme,
Wie selig trinkt mein durstig Ohr
Die tiefe geliebte Stimme!

Wenn einen Tag mir's nicht gelang,
Mich in Geduld zu fassen,
Wie schlepp ich dann der Jahre Gang,
Wenn er mich ganz verlassen?

## Tagebuchblätter

### 1.

Heute zärtlich süße Worte,
Morgen in gemeſſner Ruh
Schließeſt du die goldne Pforte
Meines Himmels wieder zu.

Heut ein Tag, ein frühlingslauer,
Blütenduft und Sonnenglanz,
Morgen Froſt, Dezemberſchauer,
Winterſturm und Flockentanz.

Wie dein Wille mir begegne,
Wehrlos halt ich allem Stand,
Ob ſie ſtrafe oder ſegne,
Küß ich deine liebe Hand.

## 2.

In dunkler Nacht,
Da zähl ich die Schätze, die mir eigen,
Wie möcht ich all ihre Pracht
So gern dir zeigen!
Da hol ich aus des Herzens Grund
Ohn alle Scheue
Die Liebe und Treue
Und werfe mit selig lachendem Mund
Die ganze bunte funkelnde Zier
Zu Füßen dir.

Doch nahst du am Tag,
Wenn hell und nüchtern alle Räume —
Verwandelt mit einem Schlag
Ist, was ich träume.
So wertlos scheint mein Heiligtum,
Die Farbe verblichen,
Der Glanz entwichen . . .
Mit zagem Finger wend ich es um
Und schließ es seufzend wieder ein
In den Herzensschrein.

## Nun sind sie da, die blauen Tage

Nun sind sie da, die blauen Tage,
Die Tage voll von Glanz und Duft,
Kein Wölkchen schreibt als leise Frage
Ein Warnungszeichen in die Luft;
Kein Sturm droht mehr mit Hochgewittern,
Du brauchst im Traume nicht zu zittern,
Daß dich ein Schlag ins Wachen ruft.

Noch fällt kein gelbes Blatt vom Baume,
Doch fruchtschwer neigt sich Ast zu Ast,
Und dorfwärts schwankt vom Feldessaume
Der Ähren hochgetürmte Last.
Rings fettes Grün und Farbenprangen,
Als ruhten Lenz und Herbst umfangen
In selig stummer Liebesrast.

Das webt den Zauber dieser Stunden:
Sie scheinen frei vom irdschen Zoll,
Als hätt das Pendel Halt gefunden,
Als wär der Zeiten Kreislauf voll;
Kein Winter, wähnst du, käm sie rauben —
Das Herz will ewig dauernd glauben,
Was völlig es beglücken soll.

## Seltsame Welt

Zwei, sich so fremd im Herzensgrund,
Daß nichts die Kluft kann überbrücken,
Die müssen sich die Hände drücken
Und heuchelnd legen Mund an Mund,
Und wehe, wer sich frech entschlüge
Der strengen Satzung heilger Lüge!

Wo aber Seel zu Seele spricht
Und drängt zu ruhen Herz an Herzen,
Die müssen meiden sich mit Schmerzen
Und senken selbst der Augen Licht,
Damit kein Strahl sie weiter künde
Der reinsten Liebe schöne Sünde.

## An meinen Knaben

Oft inmitten heitrer Tage,
Wann die Lust aufschäumt in Wogen,
Kommt mir wie ein Geistergrüßen
Leis ein Schatten angeflogen.

Wie ein Ton aus fernen Zeiten
Mahnt es tief in meiner Seele:
Mutter, kannst du Blumen pflücken,
Wenn ich, deine Rose, fehle?

Feucht umflort sich meine Wimper,
Einsam in dem frohen Schwarme
Faßt mich Sehnsucht nach der Stimme,
Nach dem Druck der kleinen Arme.

Mit dem Bündel wollt ich wandern
Bettelarm und unverdrossen,
Fänd ich wo die Kinderaugen,
Die sich mir zu früh geschlossen!

# Alltäglichkeit

Immer im Grauen
Geht meine Reise,
Die Nebel tauen
Nur sacht und leise.
Kein Frost, kein Glühen,
Die Luft ist milde,
Doch buntes Blühen
Fehlt dem Bilde.

Ich schaue nimmer
In voller Schöne
Im Sonnenschimmer
Die Farbentöne:
Die goldnen Felder,
Das Grün der Matten,
Der Tannenwälder
Tiefdunkle Schatten.

Die Wege zeigen
Sich glatt und gerade,
Kein Gipfelersteigen
Auf rauhem Pfade,
Nie blick aufs Gewimmel
Ich stolz von oben:
So ward im Himmel
Mein Schicksal gewoben.

## Unverstanden

Wie oft hab ich als Kind zur Nacht
Mit gläubigem Sinn an Gott gedacht
Und fromm gefaltet die Hände:
„Gieb eine selige Sterbestund!"
Hieß des Gebetleins Ende,
Dann schloß der Schlaf den kleinen Mund.
Ach, damals ahnt ich's nicht im Traum,
Wie viele Blüten vom Lebensbaum
Erst müssen verwehen, verderben,
Eh wir mit Freuden sterben!

Carmen Sylva

Carmen Sylva (Elisabeth Königin von Rumänien) wurde am 29. Dezember 1843 zu Monrepos bei Neuwied als Tochter des Fürsten Hermann zu Wied-Neuwied geboren. Unter Leitung des Vaters, der als Maler und Schriftsteller künstlerisch thätig war, genoß sie eine verständnisvolle Erziehung. Im Jahre 1869 vermählte sie sich mit dem damaligen Fürsten, jetzigen König Carol I. von Rumänien. Ihr einziges Kind, eine Tochter, starb ihr im Alter von vier Jahren, ein Schicksalsschlag, der einen tiefen Einfluß auf ihr Denken und Schaffen ausübte. Die Dichterin lebt in Bukarest.

Stürme 1881.

Meine Ruh 1884.

Mein Rhein! 1884.

Handwerkerlieder 1891.

Meerlieder 1891.

Carmen Sylva

# Aus dem Ei gekrochen

Sprich, kleine Maid, was willst du sein?
Ich? Mutter will ich werden!
Zwölf Buben will ich, groß und klein,
Und Mädchen, ganze Herden.

Mein Bruder, der wird ein Soldat,
Und ich will Kinder haben,
Ich geh spazieren durch die Stadt,
Mit allen meinen Knaben.

Das Kleinste trag ich auf dem Arm,
Wie meine Puppe eben,
Ich hüll es ein und halt es warm,
Muß ihm zu trinken geben.

Wie meine Mutter bin ich bald,
Die hat auch viele Kinder —
Ach, wär ich doch wie sie so alt,
Dann hätt ich sie geschwinder!

## Hänschen im Keller

O Mutter! haft du das auch gefühlt?
An deinem Herzen ein Regen,
Wenn still du warst, wie ein kleiner Fisch
Mit ungeduldigen Schlägen.
O Mutter, Mutter! es klopft, es klopft
Ja meinem Herzen entgegen.

Vor lauter Bangen und Seligkeit
Wird mir nicht Ruhe, nicht Frieden,
Schon zweimal hat mich bei Nacht der Schlaf
Vor lauter Freude gemieden!
O Mutter, Mutter! es klopft, es klopft
Von meinem Herzen verschieden!

Sprich, lacht mein Hänschen, wenn ich gelacht,
Und weint es auch, wenn ich weine?
Nun regt's das Händchen, nun waren es
Die kleinen, kleinen Beine!
O Mutter, Mutter! es klopft, es klopft
An meinem Herzen alleine!

Wie vor der Thür zur Weihenacht
Muß lachen ich, frösteln und beben —

Ich möchte Schönheit und Glück und Kraft,
Verstand und Reinheit ihm geben!
O Mutter, Mutter! es klopft, es klopft
In meinem Herzen ein Leben!

# Angst

Nicht wahr, er fiebert nicht zu sehr?
Der Kopf ist kühler schon,
Die Augenlider nicht so schwer
Und hell der Stimme Ton?

Und beinah spielt ein Lächeln froh
Um den verdorrten Mund!
Nicht wahr — schon manches Kind war so
Und wurde doch gesund?

Mein Auge wird vor Bangen blind,
Es kann nicht deutlich sehn!
Nicht wahr, es wird mein kleines Kind
Das Leiden überstehn?

O habt Geduld mit mir, wenn mich
Das Fürchten übermannt,
Ich übertreibe sicherlich,
Er hat mich ja erkannt!

Er hat sogar die Hand gestreckt
Und leise was gesagt,
Er hat mich nur so sehr erschreckt,
Als er so still geklagt.

Nicht wahr, er fiebert beinah nicht
Und ist auch nicht so matt?
Und heller wird sein Angesicht,
Seit er geschlummert hat?

# Zum letzten Mal

Die Mutter kniet am stillen Bett,
Ganz still, beim toten Sohn;
Noch eben klang sein Abschiedswort
In weichem Flüsterton.

Es spielt ein friedlich Lächeln noch
Um seinen bleichen Mund,
Vorbei ist Schmerz und Pein — er schläft,
Ist ewig nun gesund.

Der Vater steht an Bettes Fuß
Und weint in grauen Bart;
Sie schweigen, nur die Mutter reibt
Dem Sohn die Hände zart.

Zwei lange Stunden streicht sie so
Die abgezehrte Hand
Und schaut zum letzten Mal sich satt
Am Antlitz unverwandt.

Doch endlich spricht der Mann zu ihr:
„Was reibst du mit Gewalt
Ihm seine toten Hände noch?"
Sie spricht: „Sie werden kalt!"

128

## Die Kinderfrau

Wer wacht und sorgt von früh bis spät,
Ist ruhlos alle Nächte?
Die unterm Mutterjoche geht,
Doch ohne Mutterrechte.

In Strömen fließt die Zärtlichkeit
Von ihr zu fremden Kindern,
Ein reicher Schatz, der stets bereit
Zum Schützen, Helfen, Lindern.

Wie still ihr Schoß, wie warm und weich!
So zart und stark die Hände;
Wie giebt ihr Herz erfindungsreich
Und heiter ohne Ende!

Wie oft hat sie dem Tod gewehrt,
Der nahe schon gestanden,
Und ließ die Kleinen unversehrt
Als treuer Fährmann landen.

Und wenn vorbei die Ängsten sind,
So wird es ihr genommen,
So muß ihr teures Herzenskind
In fremde Hände kommen.

O schaut gerührt nach ihr zurück,
Nach jenem großen Herzen,
Das, ohne Mutterstolz und Glück,
Sich nährt von Mutterschmerzen.

## Sein Weib

Wie dunkel und still!
Am Himmel kein Schein!
Bin müde, doch will
Ich zur Ruh nicht allein.

Ob lang auch die Nacht,
Ob finster und kalt —
Ich habe durchwacht
Die bittersten bald.

Ich wurde getraut,
So zitternd und scheu,
Da schwur er mir laut
Die ewige Treu!

Nun schleicht, wie ein Dieb,
Er abends hinaus,
Und ich hab ihn lieb
Und warte zu Haus.

Und kommt er zurück,
Dann sag ich kein Wort,
Verweht ist mein Glück,
Geraubt ist mein Hort.

Doch hilft kein Gericht,
Drum klag ich nicht an —
Er weiß es wohl nicht,
Wie weh er gethan!

## Weberlied

Flieg, Schiffchen, flieg!
Mein Sohn, der ist im Krieg,
Die Tochter hat ihr Bursch verführt,
Der Schlag hat mir die Frau gerührt,
Flieg, Schiffchen, flieg!

Lauf, Schiffchen, lauf!
Kein Brod und kein Verkauf!
Der Tochter Kind wird hungrig sein,
Mich thut man in den schwarzen Schrein,
Lauf, Schiffchen, lauf!

Steh, Schiffchen, steh!
Wie thut die Brust so weh!
Die Scheibe friert, der Hauch ist kalt,
Kein Fünkchen brennt, es dunkelt bald —
Steh, Schiffchen, steh!

## Schade!

Wie sollt ich etwas leisten können,
Wie sollt ich ein Talent besitzen?
Wie dürfte helles Geistesblitzen
Ein rechtlich Schicksal mir vergönnen?
Ich bin ja eine Prinzessin!

Ich kann auch gar kein menschlich Fühlen
Im wohlerzognen Busen tragen,
Muß nach den vielen Leuten fragen,
Die schön gekleidet mich umwühlen —
Ich bin ja eine Prinzessin!

Und Sorgen? Weiß ich was von Sorgen,
Da satt ich stets zu essen habe?
Und bin ich nicht vor'm sichern Grabe,
Doch vor dem Hungertod geborgen —
Ich bin ja eine Prinzessin!

Und Wahrheit kann ich auch nicht hören,
Dafür ist weiche Schmeichelwatte
Und Lobesweine, starke, glatte,
Den schwachen Sinn mir zu bethören —
Ich bin ja eine Prinzessin!

Und dichten? Nein, wie dürft ich dichten!
Zum Dichten muß man fühlen, schauen,
Sich einsam durch den Urwald hauen,
Ich seh die Welt in Traumgesichten —
Ich bin ja eine Prinzessin!

Ich bin zum Lächeln nur geboren,
Zu lieben hübschen Redeweisen,
Um kleiner Leute Werk zu preisen,
Das sonst im Urbrei ging verloren —
Ich bin ja eine Prinzessin!

Ich bin umringt von Hurrahrufen
Und schlafe mit der goldnen Krone,
Bei Tage sitz ich auf dem Throne
Und lächle huldvoll von den Stufen —
Ich bin ja eine Prinzessin!

## Wenn Frauen scherzen

Wenn Frauen scherzen, ist es oft
Ein Hilferuf beim Stranden;
Auf Rettung haben sie gehofft
Und wurden nicht verstanden.

Wenn Frauen scherzen, ist's wie Laub,
Das nieder Stürme wehten,
Es glänzt und rauscht und liegt im Staub,
Von schwerem Tritt zertreten.

# Ada Christen

Ada Christen (Christine von Breden) wurde am 6. März 1844 in Wien geboren. Infolge der Verurteilung ihres Vaters, der sich an der Revolution von 1848 beteiligt hatte, verlebte sie eine trübe und sorgenvolle Jugend. Mit fünfzehn Jahren ging sie zum Theater und trat an einigen kleinen deutschen Bühnen Ungarns auf. Im Jahre 1864 vermählte sie sich mit dem ungarischen Stuhlrichter von Neupauer, der aber bereits im zweiten Jahr der Ehe im Irrsinn starb. Nach mehrjährigem Wittum ging sie eine zweite Ehe mit dem Rittmeister a. D. und Industriellen von Breden ein. Die Dichterin lebt in Wien.

Lieder einer Verlorenen 1868.

Aus der Asche 1870.

Schatten 1873.

Aus der Tiefe 1878.

Ada Christen

## Not

All euer girrendes Herzeleid
Thut lange nicht so weh,
Wie Winterkälte im dünnen Kleid,
Die bloßen Füße im Schnee.

All eure romantische Seelennot
Schafft nicht so herbe Pein,
Wie ohne Dach und ohne Brot
Sich betten auf einen Stein.

## Kirmes

Der Brummbaß murrt, und die Geige ſchreit,
Und die Trompete ſpektakelt!
Juchheiſa! luſtige Kirmeszeit! . . .
Da kommt der Pfarrer gewackelt.

Juchheiſa! ſeiner Dirn einen Kuß
Der Burſche giebt mühvergeſſen,
Sie tanzen! . . . „Wie iſt der Lebensgenuß
Dem Volk mit Scheffeln gemeſſen!"

So brummt der Pfarrer und blinzelt hin
Und grollt der Luſt, der ſchlichten,
Und quält ſich ab mit lüſternem Sinn,
Die Sünde hineinzudichten.

## Ein Balg

Die alte Frau hat ein hartes Gesicht,
Doch kluge sanfte Augen,
Die wenig mehr beim Pfenniglicht
Und nicht zum Weinen taugen.

Sie war ein Balg . . . Als Findelkind
Verlaſſner als die Armen,
Bat weder Herren noch Geſind
Um Futter und Erbarmen.

Sie griff feſt zu und ſchaffte ſtramm
Wie ehrbar-ernſte Leute;
Daß nie ſie Unverdientes nahm,
Erfreut das Weib noch heute.

Sie zeigt auch jetzt mit Bauernſtolz
Erdarbte Thalerſcheine:
„Die ſind mein unverbranntes Holz,
Meine ungetrunknen Weine —

„Die ſind mein ungegeſſenes Brot,
Auf jedem ſteht geſchrieben:
Ein Alter ohne Schand und Not . . .
Und was mir Gott ſchuldig geblieben.“

# Fünf Treppen hoch

## 1.

Fünf Treppen hoch, fünf Treppen hoch,
Dem Himmel nah, dem blauen,
Die Tauben nur vermögen noch
In unser Heim zu schauen.

Tief unten liegt die Welt, es dringt
Nur in verlornen Tönen
Herauf, was so betäubend klingt,
Ihr Jubeln und ihr Stöhnen.

Wenn es auch oben einsam ist,
Du sehnst dich nicht hinunter,
Und wie dein kleiner Vogel bist
Du immer froh und munter.

Vom Kirchturm in die traute Ruh
Des Stübchens manchmal klingen
Die Glockenstimmen . . . aber du
Kannst doch viel schöner singen.

Fünf Treppen hoch, fünf Treppen hoch
Halt ich dich treu geborgen,
Was gilt die Welt mir unten noch
Mit ihren grauen Sorgen?

## 2.

Viel schneller, als ich es gedacht,
  Viel heller kam das Glück uns noch;
Wir wohnen ja fünf Treppen hoch,
  Da hat der Storch es rasch gebracht.

Vom Kirchturm flog er durch die Nacht
  Mit seiner schlafbefangnen Last;
Nun küsse sanft den kleinen Gast
  Und harre, bis das Glück erwacht.

### 3.

Wenn das weiße Mondenlicht
   Durch die klaren Scheiben rinnt
Und dein holdes Angesicht
   Sacht mit Schleiern überspinnt,

Wenn das Kind an deiner Brust
   Träumend lächelt — fremd der Welt —
Ahnt mir, daß es unbewußt
   Noch mit Engeln Zwiesprach hält . . .

## 4.

Deine Locken sind es,
Dein Gesicht,
Nur bleich wie du
Ist das Kindlein nicht.
Deine Stirne ist es
Und dein Mund
Und auch dein Auge
So kindlich-rund,
Dein Lächeln ist es,
Dein Zucken gar . . .
Das immer
Heimliches Weinen war.

## 5.

Bald jährt sich unser Hochzeitstag,
Wo ich durch Sturm und Regen,
Die zitternd mir im Arme lag,
Dich hertrug — mir zum Segen.

Wie bist du demutvolles Kind
So hilflos dort gesessen,
Im Schornstein wimmerte der Wind,
Ich kann es nie vergessen.

Mein heißes Blut begehrte dich,
Doch rührte mich dein Bangen,
Und einem tiefen Mitleid wich
Mein liebendes Verlangen.

## Somnambule

Nur einmal ist das fremde Kind
Im Leben dir begegnet
Und hat den einen Augenblick
Viel tausendmal gesegnet.

Viel tausendmal an dich gedacht
Hat es in schwarzen Stunden,
Nach dir gebangt — nach dir gesucht
Und dich zu spät gefunden.

Oft weckte dich aus tiefstem Traum
Ein leises, bittres Weinen —
Es war die Seele, die dich rief,
Die Seele der armen Kleinen . . .

## Maryna

Seit du gestorben, bin ich recht allein.
Ich träume oft, es müsse anders sein,
Dann sag ich mir: sie ist nur fortgegangen
Und kehret wieder, denn sie ahnt mein Leid.
Dann kommst du lachend wie in alter Zeit
Und streichelst hastig-redend meine Wangen.

Und ich erwache . . . will dich wiedersehn,
Will dich in einem Winkel noch erspähn,
Ich suche wie die Mutter nach dem Kinde!
Doch plötzlich fällt mich der Gedanke an:
Daß ich die Welt zu Ende laufen kann
Und nirgend, nirgend, nirgend dich mehr finde!

## Nach dem Regen

Die Vögel zwitschern, die Mücken
Sie tanzen im Sonnenschein,
Tiefgrüne feuchte Reben
Gucken ins Fenster herein.

Die Tauben girren und kosen
Dort auf dem niedern Dach,
Im Garten jagen spielend
Die Buben den Mädeln nach.

Es knistert in den Büschen,
Es zieht durch die helle Luft
Das Klingen fallender Tropfen,
Der Sommerregenduft.

## Meine Muse

Über jähe Freud
Und wehes Zagen,

Über Seligkeit,
Verzweifeltes Wagen,

Über tiefes Leid
Und schweres Entsagen . . .

Hat mich getragen
Deine strenge Hand
In geweihten Tagen.

# Alberta von Puttkamer

Alberta von Puttkamer wurde am 5. Mai 1849 in Groß-Glogau in Schlesien als Tochter des Kammer-gerichtsassessors Weise geboren. Nach dem baldigen Tode ihres Vaters verbrachte sie eine einsame Kindheit, in der sich schon früh ihr Gefühlsleben verfeinerte und vertiefte. Achtzehn Jahre alt, vermählte sie sich mit dem damaligen Kreisrichter von Fraustadt, jetzigen Staatssekretär von Elsaß-Lothringen, Freiherrn Maximilian von Puttkamer. Sie lebt mit ihrer Familie in Straßburg i. E.

Dichtungen 1885.

Akkorde und Gesänge 1889.

Offenbarungen 1894.

Aus Vergangenheiten 1899.

Alberta von Puttkamer

## Sommernachts

Wie trunken schläft die Juninacht!
Es ist wie Duft von reifem Korn
Weither im Lande aufgewacht —
Die Rose glüht am Heckendorn —
Der Bergwald atmet — manchmal stehen
Die Winde aus den Wolken auf,
Und führen sehnsuchtschwüles Wehen
Der Leidenschaft vom Thal herauf.

Dort blitzt aus dem entschlafnen Land
Ein einzig waches Fensterlein,
Ich habe bald dein Haus erkannt,
Von dort entloht der schwüle Schein . . .
Und aus beglänzten Büschen fragen
Mich Nachtigallen, wo du bist,
Warum in diesen trunknen Tagen
Die Sehnsucht nicht die Liebe küßt . . .

## Da einst die Post fuhr

Manchmal ist es mir, das träge Rollen
Ferner Räder hört ich in den Feldern;
Und doch ist das Tönen längst verschollen,
Tief in den verlornen Heimatwäldern.

Und verschollen ist das Horngeschmetter,
Das in freiem Wanderglück die Lieder
Weithin rief in Licht und dunkle Wetter . . .
Keiner hebt es aus den Tiefen wieder.

Und es träumt in diesen Einsamkeiten
Wieder ungeweckt das Weltvergessen.
Abseits in den haidumblühten Weiten
Gehn die Tage leblos — ungemessen.

Ach, mir ist, als trüg der schwere Wagen
Wieder mich durch Städte, die da schlafen,
Und durch fernes Nachtigallenschlagen
In das Schloß, da wir zuerst uns trafen . . .

Und als küßten mich die Tannenzweige,
Die von wildem Harz und Würze tropfen . . .
Atemlos ständst du am Heckensteige,
Und dein Knabenherz vernähm ich klopfen.

Und ich sprang in Jugendhast hernieder —
Hinter uns entglitt der träge Wagen —
Aus dem Schloßhof brach ein Duft von Flieder —
Denn es war in frühen Lenzestagen . . .

# Nachtzauber

Die Nachtigallen sind im Land erwacht —
Wer weiß es, was sie schluchzen, was sie sagen!
Und was weither durch diese Goldmondnacht
Mich deine schicksaldunklen Augen fragen?

Die Nachtigallen sind im Land erwacht —
Und ein Narzissenduft kommt auf vom Thale —
Die Sehnsucht dieser Lenzesmitternacht
Irrt antwortlos im stillen Himmelssaale . . .

Die Nachtigallen sind im Land erwacht —
Die Lust zu leben regt in mir die Schwingen —
Ein Etwas in mir fragt und weint und lacht
Und möchte sich zu dir hinüber ringen.

Die Nachtigallen sind im Land erwacht —
Mein Herz ist aufgeschreckt aus seiner Stille;
Zu dir die Ferne überbrückt sich sacht,
Denn rastlos baut durch Sterne hin mein Wille . . .

Die Nachtigallen sind im Land erwacht —
Und du entwandelst licht auf meiner Brücke,
Und über deiner Stirn entwebt sich sacht
Der Heilgenschein von unserm Jugendglücke . . .

# Glückesahnen

Drunten in den toten Gassen weit
Regt ein heißer Wind die müden Schwingen —
Und er trägt herauf die neue Zeit
In der Lenznacht, wenn die Knospen springen.

Dieses fremden Glückes Flügelschlag
Weht das erste Duften der Syringen
Von den Gärten, von dem Waldeshag
In der Lenznacht, wenn die Knospen springen.

Und mir ist's, als hört ich rufen leis,
Als ob zage süße Schritte gingen,
Und als träfe mich dein Atmen heiß
In der Lenznacht, wenn die Knospen springen.

Und ein junger Wandervogel fliegt
Mir vorbei mit glückbeklommnem Singen,
Wie die Sehnsucht, die den Raum besiegt —
In der Lenznacht, wenn die Knospen springen ..

## In heißer Zeit

Das ist wie Duft von reifem Korn,
Der haucht vom Feld in Sommerfrühen,
Aus roten Büschen droht der Dorn —
Die Rosen blühen . . .

Das ist wie Duft von reifem Glück,
Der haucht von deinem Lippenglühen;
Kein herber Dorn schreckt mich zurück —
Die Rosen blühen . . .

Das ist der heiße Junitag
Mit Edelfrucht und Sonnensprühen;
In Funken flammt der scheue Hag —
Die Rosen blühen . . .

Und das, mein Lieb, ist Leidenschaft,
Die selig wächst und sonder Mühen!
Erlöse sie aus Knospenhaft,
Wie Rosen blühen . . .

# Im Morgengrauen

Die Stunden gehen wie Gespenster
Auf blumenlosen Auen —
Der Herbst weint leis am Fenster
Im Morgengrauen.

Auch meine Gedanken jagen,
Und meine Augen tauen —
Die Lichter rinnen und tagen
Im Morgengrauen.

Ich mußte durch alle Träume
Nach dir nur schauen;
Mein Blick fragt durch die Räume
Im Morgengrauen.

Mein jungentrückter Genosse,
Noch seh ich den Lenztag blauen
Und über dem seligen Schlosse
Den Morgen grauen.

Dann mußtest du von mir gehen
Durch Gärten, die leuchtend tauen;
Ich seh deine Locken verwehen
Im Morgengrauen.

Meine Seele fühlt ich sterben
In diesem letzten Schauen,
Wie Sterne sich tot entfärben
Im Morgengrauen . . .

### Ein Aufschrei

Und ich soll hingehn in die Einsamkeit
Und soll mich lösen aus der Trunkenheit,
Die fiebernd mich und dich in Fesseln schlägt
Und übersinnlich uns zur Gottheit trägt!
Und es soll Stunden dieser Erde geben,
Die wir zusammen nicht mehr werden leben!
Und Tage sollen dunkel sich verbluten,
Wo unsrer Herzen zitternd junge Gluten,
Die einst, sich suchend, loderten zusammen,
Aufbrennen müssen in getrennte Flammen!

## Nordischer Frühling

Ein spärlich Kieferland — ein Horizont,
An dem sich träge Mühlenflügel dehnen;
Die arme Scholle lau nur übersonnt,
Und müde Vögel, die sich südwärts sehnen.

Kein Frühlingsjauchzen! — nur ein Kiebitz ruft
Verschollen manchmal aus dem braunen Rohre.
Tief aus der Heide kommt ein herber Duft . . .
Die Tauben sonnen sich am Schloßesthore.

Wie stille Kerzen funkelt es im Wald,
So brennt der dunkle Tann in hellen Trieben.
Ernst schaut der Lenz hier, ohne Glutgewalt;
Ein Zug von Wehmut liegt in seinem Lieben.

Und dennoch spielt auf seinem Angesicht
Ein keuscher Reiz, von dem die Wangen glühen —
Das macht, weil's leuchtend aus den Büschen bricht
Und Veilchen alle Schollen überblühen . . .

# Dorfstille

Hollunderduft liegt auf der Dorfesgasse —
Die Hüttenfeuer gleißen sonnenbunt.
Die Büsche schatten breit — es fliegen blasse
Und volle Blüten schwebend hin im Rund.

Die Kirche ragt im goldengrünen Dämmern
Der Linden, die sie überdrängen breit.
Nur aus verlorner Ferne dringt ein Hämmern,
Als sei's der Herzschlag dieser Einsamkeit . . .

Sonst alles klangtot! und die Mittagstille
Liegt wie mit erznen Flügeln über'm Land —
Ich glaube fast, man hört es, wenn die Hülle
Der Blätterknospen sprengt ihr bräunlich Band . . .

Ich glaube fast, man hört es, wenn im Neste
Die Schwalbe sich im Mittagschlafe regt,
Und wenn ein Bienlein durch die Lindenäste
Die Würze tropfend aus den Blüten trägt . . .

## Eine Einsame

Sie war eine wendsame blasse Gestalt —
Sie schien fast zeitlos, nicht jung, nicht alt;
Sie hatte scheue, krystallene Augen,
Die zum harten Leben nicht mochten taugen.

Sie schwebte so zart durch Zeit und Raum,
Als ob sie befinge ein fremder Traum,
Und die fordernde Pflicht und die lärmenden Stunden,
Die mochten ihr seltsames Herz verwunden.

Sie schien mir auf Erden heimatlos —
Es suchte ihr Blick so fragend groß
Nach süßen, fernen Unmöglichkeiten
In Menschenherzen und Himmelsweiten . . .

Man nannte sie unnütz und überspannt,
Denn die arme, die blasse, die kranke Hand,
Die konnte nicht fröhlich ringen und schaffen
Und das Glück durch frische Thaten erraffen.

Dann löschte sie aus wie ein Lichtlein im Wind,
Wie ein fallender Stern in Lüften zerrinnt —
Es war in den ersten Frühlingstagen —
Und keiner, keiner wird um sie klagen . . .

Mich aber trifft manchmal zur Dämmerzeit
Ihr sterbender Blick voll glühendem Leid,
Und mitten im wildesten Weltgetriebe
Anklagend, hilflos, fragend um Liebe . . .

## Blick auf die Straße

Ein seltsames Eiland im Stadtgewirr!
Der Wildwein hängt vom Balkone nieder;
Von draußen her ruft der Taglärm irr,
Im Nachbargarten duftet der Flieder.

Baumblüten flattern am Wege dicht,
Wie zarte, eintägige Schmetterlinge;
Die Straße überflammt es wie Licht
Von einem schwebenden Glorienringe.

Am Hauseck, an der Terassenwand,
Da hängt mein Bau, wie das Trutznest der Schwalbe;
Indessen sehnsüchtig am Säulenrand
Das Abendlicht wandert, das silberfalbe.

Durch den Ring von Ranken an meinem Versteck
Erschau ich die Dinge, wie fliegende Bilder;
Wie im Buntglas des Kinderspieles keck
Sich Krystalle verschieben, wild und wilder.

Kaleidoskopische Formenjagd!
So hastet das Leben an mir vorüber.
Das ringt und ruht und kämpft und fragt
Und strahlt und klärt sich und wird trüber.

Da kreischen Räder von großer Last,
Da beugen sich Nacken, die stolz geschaffen,
Indessen vom blühenden Lindenast
Ein Wandernder sucht ein Reis zu erraffen.

Halbnackte Kinder, in lautem Glück,
Reihen die winzigen Früchtlein zu Ringen.
Ihr Lachen hallt fremd von der Mauer zurück —
Wie frei sie die blühenden Ketten schwingen!

Gradüber im Straßenstaub, sonnverklärt,
Rühren sich braune, sehnige Arme,
Das Beil blitzt auf, und die Säge fährt
Schneidend in's Holz, in das harzige, warme.

Ein Mann schafft streng und stetig fort
Mit stummem Mund und reglosen Brauen,
Indessen die Augen des Weibes vom Ort
Der Arbeit heimlich seitabwärts schauen.

Da kommt ein rührendes Weinen her —
Ein Kinderstimmlein mit fragender Bitte.
Es regt sich ihr Fuß, und sie atmet schwer,
Als ob sie's nicht an der Stelle litte.

Dann sieht sie schamhaft die Straße herauf,
Und dann, wie fragend und betend, zum Himmel —

Zum spendenden Busen hebt sie hinauf
Das Kind und vergißt der Straße Getümmel...

Es fallen die Lindenblüten sacht,
Ein Schleier, herab auf die Brust des Weibes;
Von duftenden Zweigen überdacht,
Ausruhen die Linien des schönen Leibes.

Aus Pflicht in Arbeit, aus Lust in Qual,
Den schaffenden Mann zu ihrer Rechten,
Und der Sonne goldnen, wandernden Strahl
Wie eine Krone auf ihren Flechten! ...

### Straßenszene

In grellem Taglärm und in enger Straße,
Wie aus Morästen ekler Schuld entstiegen,
Sah ich ein trunknes Weib, dem Volk zum Spaße,
An einer schmutzgen Mauer sinnlos liegen.
Ein zitternd Kind dabei — die Stirn, die blasse,
Wollt sich beschützend an die Mutter schmiegen.
Es jauchzte rings das Volk — ich sah die Gasse
Den Heilgenschein der Liebe überfliegen . . .

Ilse Frapan

Ilse Frapan (Ilse Levien) wurde am 3. Februar 1852 in Hamburg geboren. Sie entstammt einer französischen Hugenottenfamilie. Unter den günstigen Lebensbedingungen eines gebildeten Hauses aufgewachsen, war sie eine Zeitlang in Hamburg Lehrerin, machte dann größere Reisen und ließ sich 1884 in Stuttgart nieder, wo sie zu dem Ästhetiker Fr. Th. Vischer in freundschaftliche Beziehungen trat. Sie blieb unverheiratet und lebt seit dem Jahre 1892 in Zürich.

Gedichte 1891.

## Aschenbrödel

Rüttle dich, Bäumchen, und schüttle dich,
All deine Blüten wirf über mich.
Ich will kein silbriges Sternenkleid,
Keinen gläsernen Wagen und helles Geschmeid,
Nur weiße Blüten um Haupt und Brust,
Flatternde Blüten und Leben und Lust.

Rüttle dich, Bäumchen, und schüttle dich,
Nicht von der Stelle rühre ich mich!
Nicht in das Schloß und nicht in den Saal,
Unter die lärmenden Tänzer zumal;
Hier in die Laube ruf mir ihn,
Wo uns schon einmal der Mond beschien.

Rüttle dich, Bäumchen, und schüttle dich,
Komm, mein König, und hole mich!
Habe genug in der Asche gekauert,
Habe wie lange! um dich getrauert;
Nun zieh mir die goldenen Schühlein an,
Daß ich mit dir gen Himmel tanzen kann!

## Dunkel drückt das Thal

Dunkel drückt das Thal,
Nur am Berggelände
Zittert noch ein Strahl
Toter Sonnenbrände.

Zuckend, wie ein Krampf
Uns zum Lächeln zwinget,
Wenn im Abschiedskampf
Herz von Herz sich ringet.

Und mir kommt der Stund
Unvergeßnes Leiden,
Da auch unser Mund
So gelacht im Scheiden.

## Sommerabend

Es stäuben Perlen von der Nacht Gefieder,
Von dunklem Fittig schimmerklare Tropfen;
Doch nicht den Boden werden sie erreichen,
Sie netzen in der Höhe Wein und Hopfen,
Die bunten Tulpen und den blassen Flieder,
Die Rosen auch, die welken, liebebleichen —
Erquickt, ihr mildereichen,
Ihr alle Blumen, die in Düften bluten,
O kühlt auch mir die fieberheißen Gluten:
Die Sonne hat auch mir das Herz versengt,
Die ferne Sonne, dran die Sehnsucht hängt!

## Winterabend

Sie sitzt still mir gegenüber,
Und die lieben Augen ruhn
Auf der lieben Hände Thun,
Fliegen selten hier herüber,
Und der Lampe gelber, trüber
Schein umhüllt mit Dunkelheit
Schwarzes Haar und blaues Kleid.
Und doch geht ein Liebesschimmer
Von ihr aus, und über'm Zimmer
Liegt er warm wie Sommerzeit.

# Im Hamburger Hafen

Die Schlote qualmen, und die Pfeifen gellen,
Der Krähne Elefantenrüssel packen
Mit Stöhnen in der breiten Schiffe Nacken,
Und trotzig gurgeln die beklemmten Wellen.

Ein Bienenschwarm, befreit aus engen Zellen,
Umschwärmt das Schiffsvolk hier von allen Flaggen;
Die Brücken schwanken; mit geschwellten Backen
Bläst Abendwind die Segel auf, die hellen.

Der Westen flammt; und zwischen Flut und Land
Wie Schatten stehn der Dampfer schwere Massen;
Der Bootsknecht dreht die Mütze in der Hand,
Sein rundes, blaues Auge starrt gelassen;
Er spricht und nickt so in den Weltenbrand:
„Das ist ein Wetter, was? Das kann uns passen!"

# Isolde Kurz

Isolde Kurz wurde am 21. Dezember 1853 zu Stuttgart als Tochter des Dichters Hermann Kurz geboren. Sie genoß im väterlichen Hause eine vorzügliche Erziehung und war schon früh mit Übersetzungen aus dem Französischen, Englischen, Italienischen und Russischen thätig, die sie für den von Paul Heyse und ihrem Vater herausgegebenen „Novellenschatz des Auslandes" beisteuerte. Im Jahre 1877 siedelte sie mit ihrer Familie nach Florenz über und lebt seitdem abwechselnd in Italien und Deutschland. Sie blieb unvermählt.

Gedichte 1889.

Isolde Kurz

# Mädchenliebe

## I.

Dein war ich lange, eh ich dich sah,
In jedem Traume warst du mir nah,
Dich sucht ich über der Erde Revier,
Mein Leben war nur ein Träumen von dir.

Und als wir uns fanden am sonnigsten Tag,
Schnell kündet's der Herzen zitternder Schlag,
Und vor uns rang aus der Zukunft Schoß
Eine neue, schönere Welt sich los.

Da hob sich ein Leuchten wie nie zuvor,
Und anders klang mir der Vögel Chor,
Und bunter die Blumen und grüner das Land,
Und Glückliche standen Hand in Hand.

So stand in Eden das erste Paar,
Als der Tod noch fremd und das Schicksal war,
Die neue Welt lag in seliger Ruh,
Ihr Schöpfer, ihr Meister, ihr Gott warst du.

## 2.

Nächtlich war's am stillen Weiher,
Wo ich ihm zur Seite stand,
Als im Wind mein langer Schleier
Sich um seinen Nacken wand.

Ach, was ließ ich's nur geschehen,
Daß er fest den Knoten schlang,
Mich an seiner Hand zu gehen,
Ein gefangnes Füllen, zwang!

Denn seitdem auf allen Wegen
Fühlt ich unzerreißlich stets
Über mich und ihn sich legen
Magisch jenes Schleiers Netz.

Seit mich gar sein Arm umwindet,
Schwand der Freiheit letzter Rest.
Fessel, die uns beide bindet,
Liebe Fessel, halte fest!

## Spaziergang

Liebster, weißt du, was mich eben
Wundersam beschlich,
Wie Erinnrung grau und dämmernd?
Doppelt sah ich mich.

Denn mir war's, als sei ich einmal,
So von Glut umhaucht,
In dieselben Ährenfelder
Schon mit dir getaucht.

Bist du mir im Traum erschienen,
Eh mein Aug dich sah,
Oder war auf andern Sternen
Dieser Tag schon da?

## Du fuhrst gleich einem Sturm aus Norden

Du fuhrst gleich einem Sturm aus Norden
In meine Welt!
Sieh, wie es kahl um mich geworden,
Wohin dein Auge fällt!

Ich litt es, daß vom Baum geschüttelt
Die Blüte flog
Und jeder Zweig mit Macht gerüttelt
Sich ächzend vor dir bog.

Du wilder Geist, was soll dein Wüten?
Warum versehrt
Dein rauher Hauch die schönsten Blüten,
Die dir dein Glück beschert?

Da fährst du hin in toller Laune
Auf fremde Saat —
Ich seh dir fröstelnd nach und staune,
Ob schon der Winter naht.

## Wegwarte

Mit nackten Füßchen am Wegesrand,
Die Augen still in's Weite gewandt,
Saht ihr bei Ginster und Heide
Das Mädchen im blauen Kleide?


„Das Glück kommt nicht in mein armes Haus,
Drum stell ich mich hier an den Weg heraus;
Und kommt es zu Pferde, zu Fuße,
Ich tret ihm entgegen mit Gruße."


Es ziehen der Wanderer mancherlei
Zu Pferd, zu Fuß, zu Wagen vorbei.
„Habt ihr das Glück nicht gesehen?"
Die lassen sie lachend stehen.


Der Weg wird stille, der Weg wird leer.
„So kommt denn heute das Glück nicht mehr?"
Die Sonne geht rötlich nieder,
Ihr starren im Wind die Glieder.


Der Regen klatscht ihr in's Angesicht,
Sie steht noch immer, sie merkt es nicht:
„Vielleicht ist es schon gekommen,
Hat die andere Straße genommen?"

185

Die Füßchen wurzeln am Boden ein,
Zu Blumen wurde der Augen Schein,
Sie fühlt's und fühlt's wie im Traume,
Sie wartet am Wegessaume . . .

## Nächtliche Meerfahrt

Dämmerung birgt das Gestad,
Kaum auf flüssigem Pfad
Folgt noch ein Lichtlein zum Gruße,
Schon mit blinkendem Fuße
Netzt sich Orion im Bad.


Stille des Himmels Raum,
Fische schnappen im Traum,
Hin durch feurige Gleise
Klatschen die Ruder leise,
Golden träufelt der Schaum.


Hell in des Mondlichts Bahn
Steure, beflügelter Kahn!
Magisch flimmert die Brücke,
Trägt sie den Schläfer zum Glücke
Seliger Inseln hinan?


Schifflein auf lebender Flut
Faltet die Flügel und ruht.
Alle Gestirn um die Wette
Segnen das schwimmende Bette
In des Unendlichen Hut.

# Am jüngsten Tag

Früh, sobald der Morgen wacht,
Huscht's durch Flur und Halle,
Mütterlein den Kaffee macht,
Klopft an jede Thüre sacht,
Weckt die Schläfer alle.

Nur die Tochter seufzt und spricht:
„Laß mich ruhn und träumen!
Meine Augen schmerzt das Licht.
Mutter, stör den Schlaf mir nicht,
Hab nichts zu versäumen."

Wenn zum jüngsten Tage hell
Die Posaunen blasen,
Mütterlein ist gleich zur Stell,
Läuft und weckt die Ihren schnell
Drunten unter'm Rasen.

Vater, der am längsten schlief,
Muß zuerst sich schütteln,
Auch der Jüngste schläft nicht tief,
Aufsteht jeder, den sie rief —
Eine muß man rütteln.

Eine wendet sich zur Seit,
Will nicht sehn noch hören:
„Zu verschlafen Erdenleid,
War zu kurz die Ewigkeit;
Laß dein Kind nicht stören!"

# Asphodill

## I.

Jetzt kommt die Nacht, die erste Nacht im Grab.
O wo ist aller Glanz, der dich umgab?
In kalter Erde ist dein Bett gemacht —
Wie wirst du schlummern diese Nacht?

Vom letzten Regen ist dein Kissen feucht,
Nachtvögel schrein, vom Wind emporgescheucht,
Kein Lämpchen brennt dir mehr, nur kalt und
fahl
Spielt auf der Schlummerstatt der Mondenstrahl.

Die Stunden schleichen — schläfst du bis zum
Tag?
Horchst du wie ich auf jeden Glockenschlag?
Wie kann ich ruhn und schlummern kurze Frist,
Wenn du, mein Lieb, so schlecht gebettet bist?

## 2.

Als du dereinst verlassen
Den kerzenfunkelnden Saal,
Da war es, als erblassen
Die Lichter mit einem Mal.

Und wenn auf kurze Dauer
Sich unser Pfad getrennt,
Dann hüllte sich in Trauer
Die Sonne am Firmament.

Doch seit sich deine Lider
Schlossen zur langen Ruh,
Deckt mich der Nacht Gefieder
Mit ewiger Blindheit zu.

### 3.

Schlaf liegt auf deiner Wimper schwer,
    Süß ist die Luft,
Die leise fächelt um dich her
    Von Blumenduft.

Ja, lieblich ist und immergrün
    Der Ort der Rast,
Wo du dein Haupt von Lebensmühn
    Gebettet hast.

Und Liebe läßt im stillen Grund
    Dich nicht allein.
Sie steigt herab mit bleichem Mund
    Und wartet dein.

Sie spricht zu dir in Lauten, die
    Du gern gehört,
Und wacht, daß eine Thräne nie
    Den Schlaf dir stört.

Sie hält und hegt dich mütterlich,
    Und atmet kaum,
Und ihre Stimme schmeichelt sich
    In deinen Traum.

Vor ihres Odems Wunderkraft
Verwesung weicht,
Die lauernd und hyänenhaft
Die Gruft umschleicht.

So schläfst du friedlich an der Brust
Der Wärterin,
Und drüber braust in Leid und Lust
Die Zeitflut hin.

Wenn unsres Frühlings letztes Laub
Verwest und dorrt,
Ruhst du, dem Alter nicht zum Raub,
In Schönheit fort.

Schlaf im stillen Bette!
Weich sei deine Stätte,
  Selig deine Ruh!
In des Lenzes Blüten,
Bei der Stürme Wüten
  Schlafe, schlafe du!


Wenn die Hörner blasen,
Wenn dein stiller Rasen
  Dröhnt von Sturm und Wehr,
Faßt dich wohl ein Beben,
Möchtest gern dich heben,
  Doch dein Schlaf ist schwer.


Aber wenn in Rosen
Zwei Verliebte kosen
  Und vom Blütenbaum,
Um ihr Glück zu schmücken,
Deine Blumen pflücken,
  Lächelst du im Traum.


Solltest kämpfen, spielen,
Aber müde fielen

Deine Augen zu.
Jeder Last entbunden,
Gut und böser Stunden,
Schlafe, schlafe du!

## 5.

Nun bist du eins mit der Natur, es ruht
Der Streit, und schnell geheilt sind deine Wunden,
Die Mutter hat den Sohn auf's neu gefunden
Und hält den Wildling fest in ihrer Hut.

Ich fühl es mit, wie sanft der Friede thut,
Vom wirren, wüsten Traumgespinst entbunden,
Ein Hauch von deinem Ruhen und Gesunden
Weht rein und kühl in meiner Schmerzen Glut.

Ich kann nicht kämpfen, ringen, widerstreben,
Mich bäumen, wo auch du gehorchen mußt,
Auch du dich hilflos schmiegst in Mutterpflege.

Verzweiflungsmüd, an's Schicksal hingegeben,
Sink ich der Großen, Starken an die Brust
Und warte, daß sie dir an's Herz mich lege.

### 6.

Mein Lebensweg war eine Gräberstraße,
Wo rechts und links die Leichensteine stehen,
Doch sah ich Liebes mir zur Seite gehen —
Jetzt wölbt ein frischer Hügel sich im Grase.

Er deckt den Letzten mir, den Liebsten, Einen,
Und weiter dehnt der Weg sich, der bestaubte,
Hier möcht ich ruhn und mit verhülltem Haupte,
Ein Denkmal meinem toten Lieb, versteinen.

## Die Nicht-Gewesenen

Über ein Glück, das du flüchtig besessen,
Tröstet Erinnern, tröstet Vergessen,
Tröstet die alles heilende Zeit.
Aber die Träume, die nie errungnen,
Nie vergessnen und nie bezwungnen,
Nimmer verläßt dich ihr sehnendes Leid.

# Hermine von Preuschen

Hermine von Preuſchen wurde am 7. Auguſt 1857
zu Darmſtadt als Tochter des Geheimrats Freiherrn von
Preuſchen geboren. Sie ſtudierte in Rom, Paris, München
und Berlin. Im Jahre 1882 vermählte ſie ſich mit dem
Arzt Dr. Oswald Schmidt, welche Ehe jedoch bald wieder
gelöſt wurde. Im Jahre 1891 heiratete ſie den Schrift-
ſteller Konrad Telmann, der bereits 1897 ſtarb. Sie lebt
jetzt in Berlin, als Malerin und Schriftſtellerin thätig.

Regina vitae 1888.

Via Passionis 1895.

Noch einmal Mors imperator 1897.

Vom Mondberg 1900.

### Und sie kam

Und sie kam und sah mir in die Augen.
„Ja, ich bin's, das Glück, und du begreifst mich,
Lebewohl!" . . .

        Mit niegelöschtem Sehnen
Folg ich nun der windverwehten Spur
Ihrer flüchtigen Sohlen bis zu Ende.

. . . Denn sie kam und sah mir in die Augen.

## Ich weiß

Ich weiß, es ist nur Traum und Wahn,
Daß für einander wir geboren,
Doch seit dich meine Augen sahn,
Fühl ich's, zum Licht bist du erkoren,
Weiß ich's, mir ging das Licht verloren,
Noch eh es mir gestrahlt im Nahn.
Es hat nur im Vorüberschweben
Durchleuchtet meiner Seele Grund,
Nun kann mir nichts Genügen geben,
Im Sonnenglanz nur könnt ich leben —
Und es ist dunkel bis zum Grund.

## Mohnblumen

Und wieder zieh ich durch die weite Welt,
Und wieder flammt mir rings vom Wiesenrain
Die Blüte, die der Leidenschaft geweiht,
Der rote Mohn.

Und wieder, wie vor manchem, manchem Jahr,
Bäumt sich empor dies ungestüme Herz
Und schreit nach Glück und schreit nach Liebe, Liebe,
Und wieder flammt vor meinem trüben Blick
Der rote Mohn!

Der rote Mohn — und spottet meines Leids
Und mahnt an jeden ungeküßten Kuß
Und mahnt an all die ungelöschte Glut
Und mahnt an meiner Seele tiefste Qual,
Der rote Mohn!

## Künstlerseele

Deine Seele, sprich, was ist sie?

Meine Seele? Alles Drängen,
Alles dunkle Jugendsehnen
Nach den Sternen, nach den roten,
Brennend roten Erdenblumen,
Ist das Seele?

Alles Suchen, Vorwärtsstürmen,
Bangen, in der Irre Wandern,
Wieder in die alten Pfade,
Wieder aus dem Gleise Streben,
Weit und weiter, Jahr um Jahre,
Müder nur in Hirn und Füßen,
Doch in gleichen irren Gluten,
Größerm Bangen und Verlangen,
Denn die Sanduhr häuft die Körner
In der Tiefe, ist das Seele?

Ist es Seele, wenn ich wage,
Wenn ich zittre, wenn ich liebe,
Hasse, tiefer nur und tiefer,
Und die Qualen der Empfindung
Furchen mir um Aug und Schläfen,
Furchen mir in's Leben graben,
In dies heiße, wilde Leben,

Das ich bis zum letzten Grunde
Fassen möchte und umklammern?
Ach, wie brennen seine Blumen,
Ach, wie strahlen seine Sonnen,
Und wie stärken seine Wasser
Aus dem Strom der Leidenschaften!
Ist das Seele?

Nein, nicht eine
Wunde zage Menschenseele,
Hundert Seelen in dir leiden,
Lieben, sehnen sich zu Tode!

Und die hundert irren Seelen,
Die auf hundert irren Pfaden
In der Dunkelheit der Werkstatt
Wirr sich an einander stoßen
Und nach hundertfachen Zielen
Hundertfach die Hände recken,
Bald die eine, bald die andre
Näher höchster Wahrheit Wonnen,
Sich als Siegerinnen fühlend,
Müssen in dem wirren Wechsel
Endlich ihren Kerker sprengen.

. . . Und die Mitwelt spricht bedauernd:
„Seht, ein Künstler ist gestorben!"

## Perlenschnur

Jäh um Mitternacht bin ich erwacht,
Neben mir mein Kind im Traume lacht,
Und der Mond mit hartem weißem Schein
Schaut durchs Fenster in's Gemach herein.
Wie das Mondlicht auf dem Köpfchen spielt,
Fast als ob's die heißen Härchen kühlt,
Die ihm feucht die kleine Stirn umkleben;
Plötzlich durch sein Antlitz zuckt ein Beben,
Und in leisem Wimmern stöhnt der Mund,
Recht als litt's in tiefster Seele Grund.
Mählich stirbt der leise Jammerton,
Wie er schnell gekommen, schnell entflohn,
Nur ein schwerer Seufzer aus der Brust
Langsam gleitet. Wieder dann zur Lust
Glätten sich die süßen Kinderzüge
Tief im Schlaf. Mir ist, als ob es früge:
Was so schwer beschattet mir den Sinn,
Ist dies Leid für immer nun dahin? . . .
Lächelnd dann, als ob es Engel küßten,
Bettet's tiefer sich an Mutterbrüsten,
Und das Mondlicht gleitet drüber hin,
Kalt und weiß. Mir zittert's durch den Sinn:
Schattenbilder sind's von deinem Leben,

Die im Traum dir durch die Seele schweben,
Schattenbilder nur von Glück und Leid,
Das sich perlgleich an einander reiht,
Bis die weiße Perlenschnur zerrinnt
In den Sand der Ewigkeit, mein Kind!

## Kinderfüße

Noch können die kleinen Füße nicht schreiten,
Mit beiden Händen selbst nicht geleiten
Kann ich mein Kind, das hinaus in die Weiten
Aus meinen Armen zur Erde strebt,
Bittend und sehnend die Händchen hebt:
Laß mich hinunter vom Schoß doch gleiten,
Ich möchte dir stolz zu Seiten schreiten . . .

Ach, mein Geliebtes, alles erlebt,
Alles die drängende, kleine Seele,
Lernest das Gehen, das Wandern, das Schreiten,
Läufst uns vorüber, wie bald, in die Weiten,
Wandelst den langen, den endlosen Weg,
Über der Kindheit lenzknospenden Steg,
Durch eines Lebens Dornengeheg —

Wanderst in Wonnen, wanderst in Schmerzen
Weiter und weiter von meinem Herzen . . .

# Frida Schanz

Frida Schanz wurde am 16. Mai 1859 in Dresden geboren. Sie bereitete sich zum Lehrberuf vor und bestand die Staatsprüfung in Sachsen. Im Jahre 1885 verheiratete sie sich mit dem Schriftsteller Ludwig Soyaux und ist gemeinsam mit ihm seit etwa 12 Jahren in der Redaktion des „Daheim" thätig. Sie lebt mit ihrer Familie in Berlin.

Gedichte 1888.
Neue Gedichte 1895.
Unter dem Eschenbaum 1900.

## Mädchengedanken

Wenn ich das wüßte,
Ob er gern eine andere küßte!
Ob er nach anderen Sternen trachtet,
Während mein sehnendes Herz verschmachtet,
Während ich gern seine Hand nur küßte —
Wenn ich das wüßte!

Wenn ich das könnte,
Daß ich ihn froh einer andern gönnte,
Daß ich um seiner Seligkeit willen
Wüßte das Schluchzen der Seele zu stillen,
Daß ich den Himmel ihm lächelnd gönnte —
Wenn ich das könnte!

## Die Entführte

Er brach sie als Knospe vom feindlichen Stamme,
Er sprach: „Erwache zu Liebe und Lust!"
Er senkte die lodernde Liebesflamme
Ihr wie ein Gott in die zitternde Brust.

Sie vergaß ihrer Sippe Flüche und Schmerzen,
Sie horchte bebend auf seinen Schritt.
Sie lag geborgen an seinem Herzen
In brausender Herbstnacht, auf rasendem Ritt.

Seiner Kräfte Feuer gab er der Schwachen,
Und die Schwingen wuchsen ihr wundersam.
Sie lernte das jauchzende Mutterlachen,
Und sie ward die Rose in seinem Stamm.

Bis zur tiefsten Tiefe mit wonnigem Schauer
Las sie das heilige Liebesbuch —
An urewigster Tempelmauer
Zerbrachen Vater- und Mutterfluch.

## Gutes Beispiel

Wenn irgendwo in der weiten Welt
Ein kleiner Mensch seinen Einzug hält,
Wenn Kinderaugen zum Licht erwachen,
Da sputen sich alle Sächlein und Sachen,
Die nur im Hause stehen und liegen —
Sie wollen auch kleine Kinderchen kriegen!

Das steife Bett kriegt zuerst ein Kindchen,
Dann lacht das Spind auf ein Kinderspindchen,
Die alte Kanne bekommt ein Kännchen,
Die Badewanne ein Badewännchen,
Der Stuhl ein Stühlchen mit dünnen Beinchen,
Sogar der Eßtisch bekommt ein Kleinchen.

Im Flug entsteht so — es ist zum Lachen! —
Eine ganze Wirtschaft von kleinen Sachen,
Wer nennt sie, wer zählt sie, die Töpfchen, die
                                                Söckchen,
Die Schuhchen, die Hemdchen, die Täßchen, die
                                                Röckchen?
Sie sind alle zum Küssen niedlich und fein!

So ist's, so war's, so wird's immer sein,
Wo ein kleiner Mensch seinen Einzug hält —
Es ist doch eine lustige Welt!

# Der Mond spielt in den Blattgeflechten

Der Mond spielt in den Blattgeflechten,
Duftschwere schwüle Winde ziehn.
Wie liegt in diesen Blütennächten
Mein ganzes Wesen auf den Knien!

O jetzt die Schwingen auszubreiten
Und aufzugehn in deiner Pracht,
In deinen Sternen-Ewigkeiten,
Du wunderbare Frühlingsnacht!

Es schwillt der Duft der Blütenbäume
Gleich goldenem Strom zum Äthermeer —
Wo bist du, Land, von dem ich träume?
Wo geh ich hin? Wo kam ich her?

Noch liegt verhalten, ungeboren
Mein tiefstes und mein bestes Sein.
In Wahn und Weh bin ich verloren —
Du Licht der Wahrheit, brich herein!

Da wird der Sehnsucht heißer Wille
Zum grenzenlosen Schmerzenschrei:
O führ ein Sturm jetzt durch die Stille
Und mache mir die Seele frei!

Und ließ sie gleich den Düften gleiten
Und aufgehn in der Schöpfung Pracht,
In deinen Sternen-Ewigkeiten,
Du wunderbare Frühlingsnacht!

## Mit einem Hammerschlag

Wie neid ich Tag für Tag
Den rauhen Arbeitsmann!
Mit einem Hammerschlag
Fängt er sein Handwerk an.

Mit einem Hammerschlag
Darf er sein Werk beginnen.
Und ich muß mühsam, zag
Haltlose Fäden spinnen!

Hätt ich der Kräfte Stahl,
O hätt ich Mut und Stärke!
Ich schüfe so gern einmal
An einem ehernen Werke!

Mit lachenden Augen dann
Grüßt ich den jungen Tag
Und finge mein Tagwerk an
Mit einem Hammerschlag!

## Wie geht es ihr?

Zum zweitenmal ward er in's Städtchen verschlagen,
Wo er kühn einst umschwärmt zweier Augen Zier,
Und er fragt unter hundert anderen Fragen:
„Sagt einmal, Freunde, wie geht es ihr?" —

„Sie alterte rasch, nachdem du geschieden,
So geht's den Gesichtern wie Milch und Blut.
Doch lebt sie so weiter. Sie ist zufrieden.
Sie giebt ihre Stunden. Es geht ihr gut!" —

O du, der du einst die Liebliche küßtest,
In's Herz ihr gegriffen, gewandt und dreist,
„Sie ist zufrieden!" — o, wenn du wüßtest,
Zufrieden, Frevler, was das so heißt!

Nachdem der Gram ihr die Kräfte zerrüttet,
Nachdem sie gebrochen von innerm Streit,
Nachdem sie all ihre Thränen verschüttet,
Kam ihr die müde Zufriedenheit.

Sie hat ihre Jugend zu Grabe getragen,
Gehungert, gefiebert, nach dir, nach dir,
Der jetzt flüchtig, unter viel anderen Fragen,
Die Frage hinwirft: „Wie geht es ihr?"

## Die Blumenmalerin

Kleine Nachbarin, du bleiche,
Leg den Pinsel aus den Händen!
Laß das stille, mühereiche,
Laß das bange Tagwerk enden!

Nachts noch sehn dich Wind und Flocken
Oft an deiner Fensterstelle,
Tief geneigt die goldnen Locken
Auf die kleine Aquarelle.

Winterblumen, düftelosen,
Giebst du Duft und Schmelz beim Malen,
Während dir des Todes Rosen
Schon die Wangen überstrahlen.

Ich nur weiß, wie oft verstohlen
Deine Träume südwärts irrten,
Neuen Lebensmut zu holen
Unter goldbestäubten Myrten.

Während Strich an Strich sich reihte,
Treibhausblüten zu kopieren,
Flog dein Herzlein, das befreite,
Schwalbengleich im Duft spazieren.

Sahst dich schon im kleinen, netten,
Weißen Haus am Pincio wohnen,
Vor dir Berge von Tazetten
Und Campagna-Anemonen.

Ei, wie wolltest du erwerben,
Wirklich südwärts einst zu fahren,
Unter Rosen einst zu sterben,
Rosen, die dein Liebstes waren!

Emsig noch im Lampenscheine
Perlst du Tau auf deine Blüten.
Leg den Pinsel weg, du Kleine,
Laß mein Sorgen dich behüten!

Unter'm Dufte blasser Kränze
Muß ja doch dein Tagwerk enden,
Nimmt der Tod im frühen Lenze
Dir dein Werkzeug aus den Händen.

## Unter Genesenen

Es geht sich gar gut zwischen Gräberreihn —
Lauter entfesselte Herzen!
Lauter geheilte, verwundene Pein!
Lauter vergangene Schmerzen!

Des Lebens fiebernder Kampf vorbei,
Dahin der Druck des Gewesenen —
Es geht sich gar friedlich, gar gut, gar frei
Unter lauter Genesenen!

# Maria Janitschek

Maria Janitschek wurde am 22. Juli 1860 in Mödling bei Wien geboren. Sie vermählte sich mit dem Kunsthistoriker und Universitätsprofessor Dr. Hubert Janitschek in Straßburg im Elsaß, dem sie 1892 nach Leipzig folgte. Schon ein Jahr darauf verlor sie den Gatten durch den Tod. Sie lebt jetzt abwechselnd in München und Berlin.

Gesammelte Gedichte 1892.

Im Sommerwind 1895.

Aus alten Zeiten 1900.

Maria Janitſchek

## Vorfrühling

Als deine Mutter dich empfing,
Die Welt in lauter Rosen ging:
Drum gleichen deine Lippen einem Rosenpaar,
Drum sind deine Augen so blütenklar.

Als deine Mutter dich empfing,
Des Sommers Mund an der Erde hing:
Deshalb mit so dürstender Geberde
Umschlingst du mich, deine liebe Erde.

Als deine Mutter dich empfing,
Über meine Mutter ein Schauer ging:
Mond schien in ihren Mädchentraum,
Sah Rosen an einem Lorbeerbaum . . .

## Mädchenfrage

Als Kind hab ich oft geweint,
Wußt nicht, warum,
Nun muß ich oft heimlich lachen,
Weiß nicht, warum.

Es greift in meine Saiten
Eine rätselhafte Hand,
Ein fremdes will mich leiten
In ein unbekanntes Land.

Seltsam wunderliche Gedanken,
Die mein Wort nicht nennen kann,
Baun um mich purpurne Schranken
Und halten mich in Zauber und Bann.

Ich fasse dich nicht, o Leben,
Weiß nicht, was wir beide sind,
Weiß nicht, wohin wir streben,
Wo ich mein Ziel wohl find.

Als Kind hab ich oft geweint,
Wußt nicht, warum . . .
Nun muß ich oft heimlich lachen,
Weiß nicht, warum.

# Fang sie!

Auf dem Wipfel eines grünen Waldbaums
Saß meine goldne Jugend
Und rief: Fang mich, fang mich!

Und ich kletterte und strebte,
Sie zu erhaschen;
Doch lächelnd schwang sie sich
Höher und höher . . .

Von der rosenroten Zinne
Eines schwebenden Wölkleins
Winkte meine goldne Jugend:
Fang mich, fang mich!

Und ich stieg auf einen Berg,
In die Einsamkeit,
Wo die Wolken wohnen,
Sie zu haschen.

Doch höher und höher
Schwang sie sich.
Aus dem tiefgoldnen Glanz
Des Morgensterns
Sah ich ihr Antlitz

Winkend sich neigen:
Fang mich, fang mich!

Auf denn,
Auf zu den Sternen!

# Du Lose!

Meine buhlende Seele, was haft du gesehn?
Rote Scheine über deine Züge gehn,
Dein Jauchzen, deine psalmende Luft
Wie Pfingstgesang aus junger Bruft!

Schlichst du in eines Künstlers Traum?
Sahst du Vögel sich küssen im Birnenbaum?
Haft du einen Sterbenden lächeln gesehn?
Sahst du ein Kindlein durch Blumen gehn?

Ist irgendwo eine Welt entbrannt?
Hat ein Volk sich zu kühnen Thaten ermannt?
Hat ein Käfer sein kleines Bräutchen gefreit?
Vergaß ein Glücklicher die Zeit?

Meine buhlende Seele, was haft du gesehn?
Mußt immer abenteuern gehn,
Mußt immer mit durstigen Kinderlippen
An allen Kelchen Gottes nippen.

Wart, du Neugier, will dir die Flügel beschneiden!
Wie, was sagst du? Auf einer grünen Weiden
Fandest du zwei im Grase träumen,
Zwei, die in Sehnsucht sich heiß verschäumen?

Und? ... „Und er glättete ihr das weiße Gewand
Und strich durch ihr Haar mit stiller Hand ..."
Und? ... „und ... nichts. Der Becher zum
                              Überfließen
That keinen Tropfen seines Weines vergießen ..."

Und darum dein Jubeln, dein heimlich Klingen,
Du buhlendes Seelchen mit leichten Schwingen,
Und darum dein im Feierkleid Gehn ...
Warst etwa ... du's selbst, die du gesehn?

# Das Weib

Es war eine Geige, —
Unscheinbar und schlicht,
Lehnte sie in einer Ecke
Des prunkvollen Zimmers.

Ein großer Künstler
Besaß die Geige ...

Es kamen Schüler
Und Herren zu ihm,
Um zu lernen
Und um ihm zu schmeicheln;
Feine Prinzen kamen zu ihm.

Manchmal hielten sie stumm
Vor der Pforte des Hauses ...
Hatten die Sterne Stimmen bekommen?
War der Erde Feuer
In eine Seele geflossen
Und schlug aus ihr
In tausend jauchzenden
Klingenden Flammen?
Posaunten die Kriege
Des jüngsten Tages

Im erzenen Schreien
Nieder?

Und die Lauscher
Flogen hinauf in den Saal,
Und sie trafen den Meister
Mit brennenden Augen
Und zitternden Pulsen.

„Wo ist das Werkzeug,
Womit du den Himmel bethörst?"
Riefen sie.

Er aber deutete
Gelassen auf alle
Die sammtenen, güldenen
Kästen, darinnen
Auf seidenen Kissen
Die kostbaren Geigen
Gebettet lagen.

„Es wird wohl eine
Von diesen sein."

Und die Schüler warfen sich
Über die funkelnden
Instrumente.

Aber keines besaß die Seele,
Die sie singen gehört.
Und sie spähten und suchten
Und quälten die Saiten,
Aber vergeblich.

Derbe Töne voll irdischen Wohlklangs
Entlockte ihr Bogen;
Doch jene himmlische,
Bachantisch süße,
Tolle, berückende,
Wehlüstern selige,
Glückselige Seele
Sang ihnen nicht . . .

Da entdeckte einer
Die unscheinbare,
In der Ecke lehnende,
Schlichte Geige.

Und er ergriff sie,
Und begann sie zum Tönen
Zu bringen.
Doch eine kalte
Gefühllehre Antwort
Ward seiner glühenden Frage.

Nachdenklich sinnend,
Verließen die Schüler
Das Haus ihres Meisters.

Aber als er allein war,
Trat er zu jener
Unscheinbaren
Schlichten Geige . . .

Und er berührte sie;
Und es schluchzte und jauchzte
Aus ihren Saiten
Bei seiner Liebkosung.

Und es schluchzte und jauchzte
Bei seiner Liebkosung,
Und es schienen Blumen
Unter seinen zitternden Fingern zu sprießen,
Und wie Lachen
Blutig geküßter Lippen,
Wie Küsse kleiner unschuldiger Vögel
Kam's aus den Saiten.

Heil dir Geige,
Der nur der Eine
Jauchzen des Himmels entlocken kann!

## Die Thörichte

Die nackte Armut gebar sie,
Der Herr aber legte
Ein Büschel purpurner Rosen
Zwischen ihre hüpfenden Brüste.

Sie trank Meth
Aus irdenen Pokalen.
Milde Hände
Hielten ihn liebreich an ihre Lippen;
Aber der Trunk
Mundete ihr nicht.

Es träumte ihr,
Daß sie einst aus goldenen Kelchen getrunken,
Die junge Fürsten
Ihr kniend gereicht.

Er mundete ihr nicht,
Der Trank.
In ihrer Armut Blöße,
Nur gehüllt in den schimmernden Schleier
Der Schönheit,
Kehrte sie zu Gott
Zurück.

Und sie warf mit stolzer Geberde
Das Büschel purpurner Rosen
Vor den Herrn:
„Ich wußte nichts zu beginnen mit ihnen!"

## Gomorra

Das Feuer schleicht in den Gassen
Mit weichem Raubtiertritt,
Die schönen Töchter, die blassen,
Vernehmen nicht seinen Schritt.

Sie ruhn auf weichen Fellen,
Müde von Tanz und Gelag,
Ihre jungen Brüste schwellen
Entgegen dem morgigen Tag.

Sie träumen von dunklen Freuden,
Von heimlicher Harfen Klang,
Von königlichem Vergeuden
Und lachendem Überschwang.

Sie träumen von Purpurflügeln —
Da stoßen die Wächter ins Horn,
Rot über den Gassen und Hügeln
Lodert Jehovas Zorn.

## Das Letzte

Nimm den Stab und geh und weine nicht!
Bedenke, Herz, bedenk es doch,
Verlorst du auch den einen Menschen,
Die ganze Menschheit bleibt dir noch.

Nimm den Stab und geh und weine nicht!
Solang noch Blumen vor Durst erblassen,
So lang noch Leid seine Dornen flicht,
Sind deine Hände nicht verlassen.

Nimm den Stab und geh! Laß Morgenwinde
Die heiße Stirne dir umfächeln,
Wein nicht um dein verlornes Lachen,
Dir bleibt das Schönste noch: zu lächeln!

## Am Gipfel

Frei ist die Aussicht! Fahle Morgennebel
Hat flammend fortgeküßt des Mittags Mund;
Vor meinen Blicken glänzen goldne Thale
Und thun mir ihre letzten Rätsel kund.

Frei ist die Aussicht! Drüben flattern Kränze
Um weiße Marmorurnen . . . hier, voll Lust,
Verheißungsvoll die roten Lippen regend,
Beut mir das Leben seine volle Brust.

Ich aber recke meine Arme aus:
In meinem rechten faß' ich euch, ihr Toten,
In meinem linken dich, o quellend Leben! . . .

Anna Croissant-Rust

Anna Croissant-Rust wurde am 10. Dezember 1860 zu Dürkheim in der Rheinpfalz geboren. Im Jahre 1888 verheiratete sie sich mit dem Ingenieur Hermann Croissant. Ihre erste literarische Anregung empfing sie von dem jung-deutschen Schriftstellerkreise in München. Die Dichterin lebt in Ludwigshafen a/Rh.

Gedichte in Prosa 1893. (Neue Ausgabe 1896.)

# Nymphenburg

Sonntagmorgen!
Durch das Grün der Bäume zittern die Seufzer
                                      der Freiheit,
Das Lossein von allem Zwange,
Freies leichtes Atmen.
Sie bewahren gut die Büsche,
Die Hecken,
Die Gehege;
Nur ein leiser Hauch
Zittert über die Wege,
Den See.

Die Luft bringt Küsse,
Heimliches Gelächter der Verliebten,
Süßes Geflüster,
Heiße,
Raunende Worte.
Grünes, jungfrisches Weben im Park,
Breiter, warmer,
Frühjährlicher
Sonnenschein vor dem Schlosse.
Wie Goldregen
Fällt's
Von hoch oben,

Die jungen Eichenblätter glühen
Rotgolden
Über dem grünlichen Baumgedämmer.

Gold, Sonne, Licht, Luft,
Freiheit,
Vergessen!

In dem kleinen Schlößchen
Wispern und kichern
Die Abenteuer vergangener Jahrhunderte,
Das breite weiße Schloß schaut kalt,
Abweisend auf die nackten Götter und Göttinnen,
Die lächelnd die vergangenen Geheimnisse des
                              Parkes hüten.

# Dorfkirche

Nur meine Schritte reden
Im Kreuzgang der kleinen Kirche.
Die schweigende Kühle hält mich in den Armen,
Wiegt mich —
Dämmer um die Betstühle,
Das rote, blinzelnde, schlaftrunkene Flimmern
Des ewigen Lichts vor dem Altar,
Leise, leise pendelnd.
Durch die hohen Fenster die Gewittermauer am
                                    Himmel,
Eine finstere Wache.
Wie mit feuchten Schleiern ist die Luft verhängt,
Die schlafende, gleichgültige Kirchenluft,
Wellen erfüllen das Schiff,
Ziehen träg,
Lautlos durch die Gänge,
Branden an den Mauern.
Ein glühes Sternlein, schaukelt das rote Licht
Über den Wellen.


Ruhendes,
Verstummtes,

Im Schlafe lächelndes
Versunkensein.
Draußen, draußen alles.
Doch das Dunkel drängt vor,
Nicht ungestüm mit hastenden Eilschritten.
Von der Gewittermauer gedrängt, gleitet es leise,
Demütig
Durch's Fenster,
Traurig fast.
Kriecht über die Betstühle,
Von Stuhl zu Stuhl
Klebt es seine dichten Seidengazeschleier,
Wischt über die Bilder,
Schleppt sich zum Altar —
Die Kirche schläft weiter.

Da herrscht schon der Sturm an den Fenstern,
Daß sie in Schauern klirren von seinen Schlägen.
Ein Geißelhieb, zuckt der Blitz
Über den gekrümmten Rücken des Dunkels,
Wieder!
Wieder! — und mit mächtigem Schritt
Schreitet der Donner über das Dach.

Die Kirche träumt.
Draußen, draußen alles.

Nun picken die ersten
Unruhigen
Regentropfen an die Scheiben.
Picken, pochen, horchen —
Klopfen, sausen, schnell, schnell,
Der Sturm
Schleudert sie mit zuckenden Fingern
Gegen die Mauer und reißt
Mit ungestümen Händen
An Thor und Fenster.

Drängt er sich durch?

Nur die Kirchenfahne tanzt
Schwerfällig,
Weltlich verträumt
Um ihren grellroten Schaft und hebt
Ihre gleißenden Goldquasten —

Zuckende Flammen brechen wie Schreie
Durch die Dämmerschleier,
Züngeln auf den mattweißen Platten,
Zischen durch die Fenster —
Plötzlich lohend,
Groß, grell,

Höhnisch,
Durch die Kirche bleckend,
Ein Schlag in's Antlitz — —


Die Kirche schläft —
Und wieder das grollende
Schreiten des Donners
Über dem träumenden Frieden.


Und wieder spitze, kleine Blitzzungen,
Leckend, huschend,
Das Dunkel kitzelnd,
Und wieder die Donnerstimme,
Aber in Eile,
Im Verhallen.


Draußen, draußen alles.


Nur ein paar eigensinnige Regentropfen
Plappern noch nach auf den Steinen vor'm Portal.
Jauchzend
Schießt der Sonnenstrom durch das Zittern der
Nebel,
Junges Baumgrün jubelt von den Anhöhn,

Eine Woge von Licht und Duft und Farbe um-
                                    hüllt mich,
Nimmt mich,
Trägt mich,
Berauscht mich —
Die Kirche schläft — —
Draußen, draußen alles!

# Warum bist du mir ferne?

(Schluß)

Warum bist du mir ferne?

Aus den weichen,
Webenden
Florschleiern der Nacht
Baut sich ein Haus.
Hallen weiten sich,
Und vor den hohen
Geöffneten Fenstern halten lichtgrüne
Frühlingsbäume Wache.
Halten lautlos
Stille Wache
Unserem Glück.
Der scheue Lichtschein
Aus unserer grünen Ampel
Rieselt nieder an ihren jungen Zweigen.
Fliederdüfte
Heben sich auf leisen Sohlen
Aus schlafenden Gärten,
Streichen durch die Zimmer
Schmeichlerisch weckend —
Narzissen und Sammtiris liegen

In Riesenbüscheln auf dem satten
Purpur des Teppichs,
Auf mattgelber Seide —
Dein Haupt
Ruht
In meinem Schoße,
Ich sehe deine Augen — —
Keines Menschen Haus sonst
Und kein Laut.
Nichts um uns.
Nur von dem Dache unseres Schloßes loht
Die brennende Glut einer einzigen riesigen
Flamme
Hoch in das stumme Dunkel.

Warum bist du mir so ferne?
Ich rufe dich.

Klara Müller

Klara Müller wurde am 5. Februar 1861 als Tochter eines Pastors zu Lenzen bei Belgard (Pommern) geboren. Im Jahre 1877 bestand sie das Handelsschul-examen, vermochte dann aber wegen Krankheit den erwählten Beruf nicht auszufüllen. Seit 1884 lebt sie, als Schriftstellerin und Redakteurin thätig, zu Kolberg an der Ostsee.

Mit roten Kressen (zweite Auflage) 1900.

# Frost

Vom Meer heran braust schwirrend
Ein schneidender Nordnordost,
Durch öde Straßen klirrend
Schreitet der scharfe Frost.

Im Schnee verloren die Pfade
Und Thür und Thor verweht —
Nur daß der Stern der Gnade
Noch leuchtend am Himmel steht!

## In dunkler Straße

In dunkler Straße das niedre Haus —
Vorüber flutet der Welt Gebraus.

Voll Stroh die Lade, nicht Bett noch Schrein,
Und drüber des leuchtenden Sternes Schein!

Und drinnen das reichste Glück der Welt:
Die Mutter, die ihr Kindlein hält.

Und aus den Augen des Kindes fällt
Ein Heilandsblick in die dunkle Welt . . .

## Sündenkind

Mein liebes Kind, in Schmerzen —
Mein armes Kind, in Schmach
Bis zum Befreiungstag
Trag ich dich unter'm Herzen.

Getränkt mit meinen Thränen,
Genährt mit meinem Blut —
Mein höchstes Erdengut —
Ich darf dich nicht ersehnen!

Darf fühlen nur mit Beben,
Geheimer Lust und Pein
— Noch eins mit meinem Sein —
Dein jungerwachend Leben.

In grüner Wälder Stille
Geh ich zur tiefen Nacht —
Aus reifer Ernten Pracht,
Keimt mir der Lebenswille.

Fern von der Menschen Blicken,
Von der Gerechten Zorn,
Trink ich aus ewigem Born
Ein schmerzliches Entzücken ...

Bis an den Tag der Schmerzen,
Den Tag, der dich mir nimmt,
Schlaf ruhig, du mein Kind,
Schlaf unter meinem Herzen.

## Das Weib

Aus Felſenöde
Von zerklüftetem Berggrat
In den lichtlos fahlen Morgenhimmel
Ragt ein Kreuz.

Über dem Kreuz
Schwebt auf ſchweren, ſchwarzen Schwingen
— Wie ein nachtgeborener
Sehnſuchtgetragener Schmerzgedanke —
Ein Königsadler
Einſam und lautlos
In der dämmernden Frühe dahin . . .

Am Kreuz aber hängt,
In Ketten geſchlagen,
Sich windend in blutiger Qual,
Ein Menſchenleib —
Der nackte Körper einer Frau!
Jeden Muskel geſtrafft
An den weißen, zuckenden Armen,
Das Haupt geneigt
Und die ſtarrenden Blicke
Hilfe ſuchend nach Oſt gerichtet —

Auf den heißen vertrockneten Lippen
Die stöhnende Frage,
Den Schrei nach Erlösung:
„Wie lange noch, Herr —
O Herr, wie lange noch?"

Nur ein Wolkenschatten geht
Über die Gefilde.
Und aus der Wolke
— Von einem Heiligenschein
Aufflammender Strahlen umgeben —
Blickt ein Dulderantlitz,
Neigt ein dornengekröntes Heilandshaupt,
Schmerzvoll lächelnd, sich dir entgegen.
Seine Augen suchen die deinen —
Und die gequälten dürstenden Lippen
Zucken und stammeln,
Als wollten sie reden,
Helfen und trösten
Und Antwort dir geben
Auf deine stöhnende Frage —
Und wissen keinen Trost
Und finden keine Antwort . . .

Nur ein Wolkenschatten
Geht über die Gefilde . . .

## Ostára

Gedanke du voll stiller Majestät,
Der mir durch's Hirn an sonnigen Tagen geht,
Wenn rings die Welt nach Frucht und Reise ringt,
Du Lied der Sehnsucht, das in lauer Nacht,
Wenn nur der Mond auf blauen Bergen wacht,
Das rauschende Blut in meinen Adern singt —
Du Lebensflut, die aus den Tiefen quillt
Begrabenen Seins und rastlos wächst und schwillt
Und von Geschlecht sich zu Geschlecht ergießt,
Verborgener Stern im tiefsten Weltenraum,
Der schlummernd seine Strahlen keusch verschließt —

Du meiner Liebe rosiger Knospentraum:

Ich fordre dich vom Himmel kraft der Kraft,
Die dieses Frühlings holde Wunder schafft,
Die, Purpurblut, in schwellender Traube schäumt,
Die im begrenzten Raum Unendlichkeiten träumt —

Ich glühe nach dir, wie Frührot nach dem Tag!

Aufjauchzend steh ich vor der Zukunft Thor
Und klopfe an mit starkem Herzenschlag:
Die schweren Marmorflügel drehn sich schon
Und klaffen weit — —

Auf beiden Händen heb ich dich empor,
Hebe dich zu des Geisterkönigs Thron,
Daß er mit Feuer deine Stirne weiht,
Du meine Sehnsucht, meine Ewigkeit:
Mein ungeborener Sohn!

# Sylvesterklänge

Eisnebel drängen vom grauen Meer
Gespenstisch über die Dünen her.

Und hüllen in frühen Dämmerschein
Die schneelichtleuchtenden Weiten ein.

Und ziehen die schimmernden Spinneweben
Über des Waldes erstarrtes Leben.

Einsam schreit ich im tiefen Hag —
Ein Rabe mit lautlosem Flügelschlag

Streift von aufschnellendem Tannenast
Die weiße, stäubende Winterlast;

Und durch die Lüfte verdämmernd weit,
Schwimmen die Stimmen der Einsamkeit . . .

Sie flüstern heimlich wie Frühlingswind,
Wenn rings der Saft in den Zweigen rinnt,

Sie raunen zärtlich wie Liebesgruß,
Wie ein wonneschauernder Brautnachtkuß,

Sie weinen schmerzlich wie Klagesang,
Und sie schwellen zum hellen Glockenklang —

Von allen Türmen — mein Fuß will stocken —
Läuten und stürmen Sylvesterglocken!

Ein blutiges Rot im Westen blüht,
Ein brausender Windstoß kommt aus Süd,

Und der Schnee stäubt auf — und es will auf Erden
Ein neues Jahr geboren werden!

## Der Zukunft Krone

Dem Mann der Arbeit — und ob er schwingt
Die Art in der nervigen Rechten,
Und ob er das Gold aus der Erde ringt,
Aus des Bergwerks dämmernden Schächten,
Ob er lehrt und schafft und die Feder hält
Und den Meißel führt — ihm gehört die Welt,
    Ihm gehört der Zukunft Krone!

Wir haben gebeugt in Frohn und Joch
Den trutzigen Nacken lange —
Und heimlich glühte das Herz uns doch
Bei des Hammers ehernem Klange.
Der Schweiß, der nieder die Stirne uns rann,
Er adelt uns alle, Weib und Mann,
    Und giebt uns der Zukunft Krone.

Wir wollen kein feiges, kein halbes Geschlecht,
Kein tröstendes Wort, uns zum Hohne:
Wir wollen für jeden sein heiliges Recht,
Für jeglichen Arbeit, die lohne —
Und Freude, wo brennend die Thräne jetzt fällt,
Und Frieden der ganzen, der seufzenden Welt —
    Und dem Volke der Zukunft Krone!

# Marie Stona

Marie Stona (Marie Scholz geb. Stonawski) wurde am 1. Dezember 1861 als die Tochter eines Guts- besitzers zu Strzebowitz in Oesterreichisch-Schlesien geboren. Sie empfing ihre Erziehung im elterlichen Hause und ver- riet schon in früher Jugend Begabung für Malerei und Dichtung. Im Jahre 1881 vermählte sie sich mit dem Dr. jur. Scholz und lebt mit ihrer Familie auf ihrem Schlosse Strzebowitz.

Buch der Liebe 1888.

Erzählt und gesungen 1890.

Lieder einer jungen Frau 1899.

## Lieder einer jungen Frau

### 1.

O komm in meiner Seele Raum,
Du sollst mein Liebster sein!
In meinen schönsten Purpurtraum
Spinn ich dich leuchtend ein.

Du wisse, daß in meinem Reich
Ewig die Sonne glüht
Und Tag wie Nacht in Wonne gleich
An dir vorüber zieht . . .

## 2.

Ich hasse, die dich lieben —
Liebster, begreifst du das?
Und töte, die dich betrüben,
So groß ist mein Haß.

Nur ich will dich umgeben,
Dir Weh und Wonne sein,
Vergehen soll dein Leben
In mir allein.

Ich sei die güldene Schale,
In die es überfließt,
Bis sie mit einem Male
Dich ganz umschließt.

### 3.

Wie an seltnem Tag der Fischer
Staunend auf Vineta sieht,
Durch die Klarheit deiner Seele
Blick ich tief in dein Gemüt.

Seltsam taucht aus dunklem Grunde
Manch Geschmeide still empor,
Schlingt sich mir um Hals und Schulter,
Hebt sich bis zur Stirn empor.

Und so lock ich deine Gaben,
Die versunknen, erdenwärts,
Und so strömt dein ganzer Reichtum
Zärtlich um mein armes Herz.

## 4.

Rosen über Rosen
Blüht auf seinem Steg,
Rosen über Rosen,
Schmückt ihm hold den Weg.

Daß sein Fuß auf weiche
Blumenblätter tritt,
Wann im fernen Reiche
Wandelt hin sein Schritt.

Schmeichelnd ihn umkosen
Sollt ihr Blüten rot,
Ach für ihn, ihr Rosen,
Duftet euch zu Tod!

## 5.

Gewiß, ich stand an deiner Thür,
Doch du erhörtest nicht mein Flehen,
Du ließest mich von dannen gehen —
So zog ich traurig fort von dir.

Nun irr ich in der Welt umher,
Das Herz erstickt sein glühend Sehnen,
Das trockne Auge kennt nicht Thränen,
Mein Stolz weiß nichts von Bitten mehr.

Ist dir's so recht? Nimm dich in acht,
Daß nicht ein Wünschen unermessen
Gar plötzlich — wann ich dich vergessen —
In tiefster Seele dir erwacht!

## 6.

Gieb acht, daß deine Hiebe
Nicht jählings treffen in mir
Die wilde schluchzende Liebe,
Die bebend ruft nach dir.

Daß nichts zu Tode sie quäle,
So Wehes sie auch erlitt —
Denn deine ganze Seele
Reißt sie im Sterben mit!

## 7.

Das Glück, das ich durch dich erfahren,
War lauter Trug,
Doch echtes Leid in all den Jahren
Gabst du genug.

Oft glaub ich, tötlich dich zu hassen
In Seelenpein,
Und kann's doch nimmer fassen,
Dir fern zu sein.

Verächtlich will ich dir begegnen
Mit kaltem Blick —
Und ach, ich fühl's, ich werd dich segnen,
Kehrst du zurück!

## 8.

Ich weiß, daß Liebe niemals dich besiegt,
Vor Leid erbebend, lieg ich dir zu Füßen —
Du blickst auf mich, wie sich im Winde wiegt
Der schlanke Halm, den Sonnenlichter grüßen.

Wenn mich die Flut der wilden Leidenschaft
Fortreißt im Sturm auf ungeahnte Bahnen,
Siehst lächelnd du mit kühl bewußter Kraft
In meinem Auge eines Todes Ahnen.

Ich sterbe hin vor Glut — indessen du
Gelassen über deiner Liebe thronest
Und hoheitsvoll mit nie bewegter Ruh
In deines Geistes Eisgefilden wohnest.

## 9.

Heut ist der Tod an mir vorbeigegangen,
Hielt an der Hand eine kranke Frau,
Rings um sie beide war ein glühend Prangen
Von rotem Mohn auf übersonnter Au.

Mit leeren Augen sah das Weib in's Weite,
Für sie gestorben waren Wald und Feld,
Nur Einer lebt — der gab ihr das Geleite
In eine ferne unbekannte Welt . . .

## 10.

Und lieg ich einst im stillen Grund,
Wer fragt nach meinen Schmerzen,
Und ob ich wohl zu süßer Stund
Geruht an deinem Herzen?

Die Sonne glüht auf jedes Grab,
Auf alle fällt der Regen —
Das Glück, das ich genossen hab,
Es ist mein ganzer Segen.

# Sie

Wie haben sie alle gespottet,
Wie haben sie alle gehöhnt,
Als er mit dem jungen Weibe
Sein altes Leben verschönt.

Die Söhne und Töchter sahen
Mit scheelem Aug sie an,
Sie aber beglückte von Herzen
Den armen alten Mann.

Sie trug all seine Launen
Und liebt ihn wie ein Kind,
War edler in ihrer Güte,
Als manche Kinder sind.

Des Alters frostige Tage,
Sie waren ihm linde und warm,
Und selig ist er gestorben
In ihrem weichen Arm.

## Die Weber

Ernst gehn vorbei die alten Weber,
Von schwerer Bürde schwankt der Schritt,
Sie tragen für die ganze Woche
Gesponnen Garn nach Hause mit.

Die Fäden drängen aus den Bündeln,
Im Sacke klirrt der karge Lohn,
Und tief neigt sich das Haupt zu Boden —
So trug's der Vater, trägt's der Sohn ...

Stumm ziehn sie hin in stumpfem Schweigen,
Zum Reden fehlt's an Lust und Zeit —
So führt die graue Lebensstraße
Sie still in ihre Ewigkeit.

## Die Weberinnen

Rings sitzen sieben Weberfrauen
In blauen Röcken von Kattun.
Die Bürde legten sie zur Seite,
Und ihre braunen Hände ruhn.

Die Alten schwatzen; zur Gewohnheit
Ward ihnen längst des Alltags Not
Und drückt nicht mehr — gleichgültig sehen
Sie vor sich schon den nahen Tod.

Doch schweigend blicken all die Mädchen
Mit ernst verschlossnem Angesicht —
Wie Blumen, die am Abgrund blühen
Und nimmer schaun der Sonne Licht . .

Gertrud Triepel

Gertrud Criepel wurde am 10. Juli 1863 in Leipzig geboren. Ihre Jugend verlebte sie in Grünberg in Schlesien. Seit 1887 wohnt sie in Berlin, wo sie eine Reihe von Jahren die „Deutsche Frauenzeitung" leitete. Ein Stückchen Alltagsleben 1894.

## Den Spöttern

Höhnt nicht die tapfern Frauen,
Die sich aus eigener Kraft
Ihr Lebensschifflein bauen,
Weil es kein anderer schafft!

Wie sie gerungen haben,
Euch ist es nicht bewußt;
Es liegt gar viel begraben
In einer solchen Brust.

Der Jugend ganzes Hoffen
Ward still dort eingesargt —
Doch was sie auch betroffen,
Sie tragen's nicht zu Markt.

Auch giebt davon nicht Kunde
Der sturmgeprüfte Leib,
Nur aus der Augen Grunde
Blickt sehnend noch — das Weib!

# Schicksal

Sie sahn sich wieder nach langer Zeit,
Die sich als Kinder verlassen!
Die eine umhegte die Einsamkeit
Der heimatlich stillen Gassen;

Die andere hatte im Lärm der Welt
Allmählich ihr Selbst verloren
Und sich in schwankem luftigem Zelt
Ein Wanderleben erkoren.

Die eine mit arbeitsmüder Hand
Kam schüchtern dahergegangen —
Die andere rauschte im Seidengewand,
Geschmückt mit güldenen Spangen.

Die eine blickte noch fromm und rein,
Wie einst in den Kindertagen —
Die andre schien flackernden Feuerschein
Im dunklen Auge zu tragen.

Die eine hatte mit schlichtem Sinn
Ihr Glück in der Enge gezimmert —
Die andre gab's für ein Irrlicht hin,
Das lockend und hell geflimmert.

Sie sahn sich wieder nach langer Zeit
— Wie zitterten ihre Herzen —
Sie dachten der Kinderseligkeit
Mit ihren Wonnen und Schmerzen.

Sie dachten der Tage, die sie durchlebt,
Der Freuden, die sie genossen,
Und was sie errungen und was sie erstrebt
Und warm und innig umschlossen.

Die eine schaute verklärt in's Licht
Und fand des Dankens kein Ende —
Die andre vergrub ihr blasses Gesicht
Aufschluchzend in beide Hände!

# Dämmerung

Dämmrung hat so weiche Hände,
Hat so leichten, leisen Gang,
Wenn sie durch die Buchenwände
Heimlich kommt den Weg entlang.

Dämmrung hat so süße Lieder,
Wie der Tag sie nimmer bringt,
Die sie wieder uns und wieder
In die müde Seele singt.

Dämmrung weiß mit kranken Herzen
Ach, so liebreich umzugehn,
So voll Mitleid und voll Schmerzen,
So voll Trost sie anzusehn.

Selbst für todesmatte Ringer
Hat sie noch ein gutes Wort —
Dämmrung wischt mit leisem Finger
Alle herben Thränen fort.

Nach des goldnen Tages Schimmer,
Seinen Pflichten, seiner Last
Grüß ich doppelt freudig immer
Den geliebten stillen Gast.

Noch umloht von Flammenbränden,
Wandelt sie den Weg entlang:
Dämmrung mit den weichen Händen,
Mit dem leichten leisen Gang.

# Ricarda Huch

Ricarda Huch wurde am 18. Juli 1864 in Braun-
schweig geboren. Sie widmete sich an der Universität in
Zürich dem Studium der Philosophie und erwarb sich dort
1891 die Doktorwürde. Nachdem sie mehrere Jahre die
Stelle eines Sekretärs an der Züricher Stadtbibliothek be-
kleidet hatte, verheiratete sie sich und lebt jetzt mit ihrer
Familie in Triest.

Gedichte 1894.

Ricarda Huch

# Liebesreime

## I.

Wie fern der Welt Getümmel!
Der Wildbach rauscht vorbei;
Bedrohlich tönt vom Himmel
Des Falken stolzer Schrei.
Der Sturm braust wilde Weise,
Wie er vorüberzieht —
Ich singe scheu und leise
Mein kleines Liebeslied.

## 2.

Einen schönen Tod bin ich gestorben,
Bin in einem tiefen Meer ertrunken;
Dich, o Lieb, hab ich zum Grab erworben,
Drin mein eigner Wille ganz versunken.
Wähnen könnt ich, daß ich Eva wäre,
Jüngst von Gott geschöpft aus Nacht und Leere:
Sieh den Leib, dem Wunsch und Kraft noch fehlen —
Komm, um die Geliebte zu beseelen!

### 3.

Süßer Schlaf, laß mich allein!
Geh zu zwei geliebten Augen,
Daß sie nicht mehr neue Pein
Aus dem Quell der Nacht sich saugen.
Bett ihn sanft, wie er geruht,
Wenn mein Atem ihn umwehte,
Während ich um Trost und Mut
Zu den Sternen für uns bete.

## 4.

Zum Kamin den Sessel rück ich,
Knie mich davor nieder;
In die leeren Kissen drück ich
Meine thränenmüden Augenlider.
Denkst du fern auf dunklen Wegen,
Wie ich so vor dir gelegen,
Wenn die Dämmerung gewaltet,
Meine Händ in deinen Schoß gefaltet.

## Sehnsucht

Um bei dir zu sein,
Trüg ich Not und Fährde,
Ließ ich Freund und Haus
Und die Fülle der Erde.

Mich verlangt nach dir,
Wie die Flut nach dem Strande,
Wie die Schwalbe im Herbst
Nach dem südlichen Lande.

Wie den Alpsohn heim,
Wenn er denkt, Nachts alleine,
An die Berge voll Schnee
Im Mondenscheine.

## Die Ampel

Nebel belastet
Hügel und nacktes Buschwerk;
Nichts am Leibe der Erde bewegt sich;
Winter ergriff sie und Tod.
Ich nur, ich lebe!

Denn eine heilige Flamme
Flammt und lodert in mir,
Eine Flamme der Liebe;
Mich aber, die zitternde Ampel,
Strahlt ihre Glut voll an,
Die ich behüte.

Schirmend umwölb ich sie,
Daß sie opfernd emporwallt,
Auf zu dem Vielgeliebten,
Dem sie geweiht und gelobt,
Dem sie freudig sich aufzehrt
Mit inbrünstiger Seele.

Wenn nur der Leib, die krystallene Schale,
Von der züngelnden Sehnsuchtsflamme
Überheiß, jäh nicht springt
Mit hell ausklingendem Seufzer!

## Verstoßen

Ich weiß, daß ich sterben muß
An deinem Lieben;
Du hast mich ins Elend getrieben
Mit deinem Kuß.

Ich irre verbannt, allein
Und ohne Frieden,
Seit ich von der Welt mich geschieden,
Um dein zu sein.

Nie werd ich mein Vaterland,
Das süße, schauen;
Nie wirst du den Herd für uns bauen
Mit froher Hand.

Oft streckst du die Arme aus,
Wenn ich dir fehle.
So fern bin ich; nur meine Seele
Irrt um dein Haus.

## An ein Kind

Leg deine Kinderhand in meine
Und geh mit mir auf kurze Zeit;
Den Weg, der gar so lang alleine,
Verkürzt dein liebliches Geleit.

Aus deinem tiefen Augensterne
Drängt forschend eine Frage sich:
„Warum hättst du es gar so gerne,
Hast du kein Bübchen so wie ich?"

Geh wieder heim nun, kleine Seele,
Die Dämmerung bricht schnell herein;
Der Engel, dem ich dich befehle,
Wird liebreich schützend bei dir sein.

Und ich, indem ich weiter schreite,
Vergesse, daß der Traum schon schwand,
Hör noch den Schritt an meiner Seite
Und fühle noch die kleine Hand.

# Winter

Weh mir armem nordischen Weibe!
Am Kamine kaur ich mit frostigem Leibe,
Trage mein erstarrtes Gebein zur Schmelze,
Eingehüllt in sieben Kragen und Pelze,
Als wenn ich im obersten Thule hauste
Und im Renntierschlitten den Schnee durchsauste;
Als wenn ich am Nordpol die Axe drehte,
Wo das Nichts, das gräuliche, mich umwehte.

Ach, ich wollt, ich läge im Paradiese
Mitten in der duftenden Veilchenwiese;
Mir zu Häupten säh ich die Sonne prangen,
Fest als rote Ampel vom Himmel hangen;
Meine sieben Pelze könnt ich vergraben
Und mit nackten Füßen im Bach mich laben
Und mit weißen Armen, zwei klugen Schlangen,
Des Geliebten dunkleren Hals umfangen!

# Erinnerung

Einmal vor manchem Jahre
War ich ein Baum am Bergesrand,
Und meine Birkenhaare
Kämmte der Mond mit weißer Hand.

Hoch über'm Abgrund hing ich
Windbewegt auf schroffem Stein,
Tanzende Wolken fing ich
Mir als vergänglich Spielzeug ein.

Fühlte nichts im Gemüte
Weder von Wonne noch von Leid,
Rauschte, verwelkte, blühte,
In meinem Schatten schlief die Zeit.

## Elfenreigen

Ich trat in der Nacht auf die Wies aus dem Tann,
Da tanzten die Elfen und faßten mich an.
Sie tanzten so leicht auf den milchweißen Füßen,
Und tanz ich mit ihnen, so muß ich es büßen —
Sie tanzten so sacht,
Sie hielten nicht inne, wie kurz war die Nacht!

Der Mond strich die Fiedel und spielte zum Tanz,
Da kamen die Sternlein in Schleier und Kranz,
Sie reichten die glitzernde Hand sich zum Reigen,
Und wenn sie sich streiften beim Drehn und Neigen,
Dann klang es so klar! —
Wer tanzt mit den Elfen, der stirbt über's Jahr.

Und muß ich auch sterben, so werd ich ein Geist,
Von Wolken getränket, von Lüften gespeist;
Dann kann ich auch tanzen mit schwebendem Leibe,
Wenn Mondenschein fließt von der wankenden
                                        Scheibe,
So leicht und so schön
Mit reigenden Elfen auf schimmernden Höhn.

## Grillen

Sitzt am schönen Sommertage
Unter schattig kühlem Grase
Eine Grille; stimmt die Saiten,
Daß in diesen holden Zeiten
Sie ein Liebchen sich erblase
Mit gereimter Liebesklage.

Streicht den Flügel, ihren Bogen,
Leicht und hurtig auf und nieder;
Und melodisch tönt die Geige:
„Neige, du Verborgne, neige
Dein Gehör in meine Lieder,
Und dem Sänger sei gewogen!

„Düster ist es in der Erde;
Mich umrauschen schlanke Palmen.
Laß zu süßem Spiel dich freien,
Wonnig lebt es sich zu zweien!
Nie wird uns ein Feind zermalmen,
Doppelt stark am eignen Herde."

Sanften Herzens war die Grille,
Einte sich dem treuen Singer —
Aber bald beim Blumenlesen

Griff der Tod die zarten Wesen:
„Abend wird's, ihr kleinen Dinger,
Kommt mit mir und schweigt nun stille."

„Müssen wir denn schon verderben?"
Zirpt vergehend noch der Kleine.
„Ach, was hat uns auch getrieben,
Unbedachtsam uns zu lieben?
Wahn, den ich zu spät beweine!
Unser Lieben war das Sterben!"

Aber mild im Weiterschweben
Sprach der Tod: „Wenn in den Auen
Jene Perlen, eure Eier,
Wachen auf zur Frühlingsfeier,
Könntet ihr erkennend schauen:
Euer Lieben war das Leben!"

## Affengesang

Durch das Gitterdach des Urwalds tropfte
Blau der Himmel, bebte von den Ästen;
Drunter saß der alte Affe, klopfte
Kokosnüsse auf, die reifsten, besten.

Kinder, seht, wie grün die Himmelsdecke,
Sprach er, blau und zahlreich auch die Sterne.
Wenn ich dazu süße Nußmilch schlecke,
Lebt man redlich, wacker hier und gerne.

Wenn nur jene höchst verworfne Sippe
Fern uns bleibt, die schlechten Menschenaffen,
Die mit ihrem schlotternden Gerippe
Neidisch lauern, wo sie Schaden schaffen.

Schönen Pelzes Mangel gern sie hehlten
Durch der Kleiderlappen bunt Geglänze.
Ja, wenn ihnen nur die Haare fehlten!
Doch die Lumpe haben nicht mal Schwänze!

Hei, wie klettern wir geschwinden Affen!
Hei, wie knarren unsre Lustgesänge!
Stumm im Sande schlürfen sie, die Schlaffen —
Daß der große Uraff sie verschlänge!

Dieses Gaffen! Dies Gesichterschneiden!
Dieses Lachen, leeres Tongekoller!
Denk ich an den Trotz der frechen Heiden,
Wird mein Busen immer unmutvoller.

Denn bedenklich mehrt sich das Gezüchte,
Seht, sie nahn, die dünkelvollen Tröpfe!
Wär's nicht schade um die süßen Früchte,
Würf ich sie der Brut an ihre Köpfe!

# Wiegenlied

(Aus dem dreißigjährigen Kriege)

Horch, Kind, horch, wie der Sturmwind weht
Und rüttelt am Erker!
Wenn der Braunschweiger draußen steht,
Der faßt uns noch stärker.
Lerne beten, Kind, und falten fein die Händ,
Damit Gott den tollen Christian von uns wend!

Schlaf, Kind, schlaf, es ist Schlafens Zeit,
Ist Zeit auch zum Sterben.
Bist du groß, wird dich weit und breit
Die Trommel anwerben.
Lauf ihr nach, mein Kind, hör deiner Mutter Rat;
Fällst du in der Schlacht, so würgt dich kein Soldat.

„Herr Soldat, thu mir nichts zu Leid
Und laß mir mein Leben!"
„Herzog Christian führt uns zum Streit,
Kann kein Pardon geben.
Lassen muß der Bauer mir sein Gut und Hab,
Zahle nicht mit Geld, nur mit dem kühlen Grab."

Schlaf, Kind, schlaf, werde stark und groß.
Die Jahre, sie rollen;

306

Folgst bald selber auf stolzem Roß
Herzog Christian, dem Tollen.
Wie erschrickt der Pfaff und wirft sich auf die Knie —
„Für den Bauer nicht Pardon, den Pfaffen aber
nie!"

Still, Kind, still, wenn Herr Christian kommt,
Der lehrt dich zu schweigen!
Sei fein still, bis dir selber frommt,
Ein Roß zu besteigen.
Sei fein still, dann bringt der Vater bald dir Brot,
Wenn nach Rauch der Wind nicht schmeckt und
nicht der Himmel rot.

# Herbst

Herbst ist es, siehst du die Blätter fallen?
Nicht wie die Welkenden fromm
Wollen wir beide zu Tode wallen —
Küsse mich, komm!

Wolkenjagd oben in fernen Räumen!
Köstlich und wonnevoll
Ist es, die Perlen vom Wein zu schäumen,
Übermutstoll.

Aber noch herrlicher ist's, zu schlürfen
Alles in einem Zug!
Größeste Fülle, doch dem Bedürfen
Nimmer genug!

Laß uns das weinleere Glas zerschmettern,
Komm von dem Gipfel in's Grab
Gleich unverletzlichen ewigen Göttern
Lächelnd hinab!

## Tod Sämann

Durch ein wallend Korngefilde schreitend
Sah ich, wie ein Mann die Ähren mähte;
Aus der freien Linken aber gleitend
Sah ich Körner, die er wieder säte.
Seltsam war ein Schnitter mir erschienen,
Der zugleich das Feld mit Samen segnet;
Da erkannt ich seine ernsten Mienen:
Sieh, es war der Tod, dem ich begegnet.

# Marie Eugenie delle Grazie

Marie Eugenie delle Grazie wurde am 14. August 1864 zu Weißkirchen in Ungarn geboren. Ihre Jugendjahre verlebte sie in Ungarn und ging darauf nach Wien, wo sie die Lehrerinnenbildungsanstalt zu St. Anna besuchte. Krankheit zwang sie, den erwählten Beruf der Lehrerin aufzugeben. Sie lebt als Schriftstellerin in Wien.

Gedichte 1882.

# Träumerchen

## (Bruchstück)

Sie war ein loses Flatterkind,
Ein Kobold, wild und eigen,
Bald launisch wie der Frühlingswind,
Bald sanft wie Herbstesschweigen;
Der frohen Jugend wenig lieb,
Dem Alter zu verschlossen
Und allzu täppisch im Getrieb
Der spielenden Genossen.

Gemieden, hilflos und verkannt,
Blieb immer sie zurücke,
Drum wob ihr Geist zum Märchenland
Sich früh schon eine Brücke;
Und waren die Gespielen weit,
Verhallt ihr muntres Singen,
Dann sprach sie mit der Einsamkeit
Von tausend goldnen Dingen!

Dann schien ihr jeder Blumenschoß
Ein Elfenkind zu hüten,
Dann krochen Zwerge durch das Moos
Und Heimchen aus den Blüten;

309

Der Weiher sang, das Wasser stieg,
Schön Ilse lud zum Tanze,
Und tausend Nixen drehten sich
Im fahlen Sternenglanze.

Frau Holde saß am Rain und spann
Für Träumerchen ein Röckchen,
Herr Kobold bot ihr Gemmen an
Und zauste ihre Löckchen;
Im hohen Schilfe aber sang
Prinz Nix galante Lieder —
Da seufzte sie wohl schwer und bang
Und schlug die Äuglein nieder!...

# Schwüle

So einsam ist's . . . nur Mücken schwirren
Wie goldne Funken um mich her;
Von Düften, die in's Weite irren,
Ward träg die Sommerluft und schwer.

Es dampft das Gras, darin die Glieder
Gelöst ich streck zu dumpfer Ruh;
Mit weißen Blüten deckt der Flieder
Mir langsam Lipp und Wangen zu.

Und Wetterwolken seh ich steigen,
Verlorne Donner murren hohl,
Wie traumumfangen in den Zweigen
Stimmt leis dazwischen ein Pirol.

Nun schweigt er . . . nur ein brünstig Beben
Durchzuckt die Luft noch, sehnsuchtschwül —
An Leib und Seel dir hingegeben,
Lieg reglos ich auf meinem Pfühl . . .

## Sommer

Nun glüht der Mohn im Felde,
Verheißend reift die Saat,
Und goldne Strahlennetze
Umspinnen jeden Pfad.

So hell und licht gebadet,
Bestaunt sich die Natur —
Lebendge Blüten gaukeln
Die Falter durch die Flur.

Und was des Mittags Schwüle
So ahnungsvoll durchbebt
Und in den Glanz der Nächte
Viel süße Träume webt,

Das ist ein hold Geheimnis,
Der ganzen Welt vertraut:
Des Werdens heilig Wunder,
Drin Gott sich selbst beschaut!

# Campagna-Gewitter

Auf Wolken schwer und finster
Jagt der Scirocco in's Land;
Schwül duftet um mich der Ginster
Im brennenden Heidesand.

Vom Leuchten ferner Gewitter
Ein Schimmer herüberzuckt —
Starr wächst in das fahle Gezitter
Der alte Aquädukt.

Und plötzlich hör ich's gellen
In's schweigende Land hinaus —
Das sind nicht des Sturmes Wellen,
So naht einer Schlacht Gebraus!

Die ehernen Tuben schreien,
Die Kämpfer brüllen auf,
In schemenhaften Reihen
Umwogt es mich zu Hauf.

Und über den irren Klängen
Und der rasenden Kämpferschaar
Schwebt, den Sieg in gierigen Fängen,
Der goldne Römeraar!

Ich seh ihn kreisen — jetzt schnellt er
Herab — da wach ich auf:
Der lodernde Blitz, dort fällt er,
Der Donner wirft sich drauf.

Die Erde dampft, es erzittert
Im Nachhall leis die Luft;
Wo der Tod herabgewittert,
Qualmt süßer Weihrauchduft . . .

Und wie die Flöre sich heben,
Seh in weißem Wolkengewand
Ich Cäsars Schatten schweben
Über sein heiliges Land!

# Römischer Sonnenuntergang

Hinstirbt die Sonn in tausend blutgen Funken,
Ein kampfesmüd veratmender Titan —
So bist, o Rom, auch du dahingesunken,
So brach auch deines Tages Abend an!

Vom fahlen Glanz der Dämmerung beschienen,
Wie bleich dein schmerzgeadelt Angesicht,
Wie traurig deine sinnenden Ruinen,
Draus noch die Stimme deiner Größe spricht.

Gewitterzeichen ragen sie zum Himmel,
Geknechtete Titanen — keck verhöhnt,
Wenn über ihren Häuptern das Gebimmel
Der Abendglocken süßlich-weich ertönt.

Solch große Tage und solch ehern Wollen,
Und dennoch, dennoch heute alles Staub,
Verblutet, überwunden und verschollen —
So lebt die Zeit von stetem Mord und Raub.

Wie klein schrumpft hier mein eignes Weh zu-
                                          sammen,
Welch Majestät in diesem stummen Leid —
Wo solche Sonnenuntergänge flammen,
Wird jede Menschenseele still und weit!

# Villa am Meer

## (Nach Böcklin)

Mit leisem Wehton schlägt das Meer hier an —
Dieselbe Melodie ist's, Stund um Stunde,
Sie kommt und geht, wie von lebendgem Munde
Ein Seufzer . . . seinen Flug nimmt der Orkan
Mit wildem Jauchzen über die Cypressen
Und schlanken Pinienwipfel hin — er will,
Daß sie nicht jenen düstern Tag vergessen,
Der alles traurig hier gemacht und still!
Der Stufen Marmor bröckelt zu den Kieseln
Herab und rollt mit ihnen dann zum Strand;
Noch steigt der Springquell — doch wie Thränen
                                rieseln
Die Wasser über seiner Schale Rand.
Hoch wächst das Gras auf einst betretnen Pfaden,
Der Spur des letzten Schritts ein lautlos Grab;
Zu einem Gang nur scheint der Weg zu laden,
Der schmale, der zum Strande führt hinab:


Sie wird ihn gehn, die Schwarzverhüllte, Bleiche,
Die stumm dort nachsinnt längstverlornem Glück
Und brütend zusieht, wie von ihrem Reiche
Die Woge langsam fortträgt Stück um Stück . . .

320

# Friedhof

Im Friedhof schimmert der Flieder,
Und kosige Maienluft
Trägt bis zu mir herüber
Den süß betäubenden Duft.

Er legt sich um meine Sinne
So schwer wie ein Zauberbann,
Es ist, als hätten die Toten
Ein Leides mir angethan:

Die Toten, die ohne Liebe
Gestiegen in ihre Gruft,
Und deren Sehnsucht nun einsam
Verblutet im Fliederduft!

## Mitternacht

Der Wunderstunde harrt im Leben
Die Seele manche Mitternacht,
Der Stunde, die zu eigen geben
Ihr soll geheimsten Wissens Macht.
Und sei's im Guten oder Bösen,
Von frevler Sehnsucht schauern wir,
Das Rätsel unsres Seins zu lösen . . .
Doch keine Nacht giebt Antwort ihr,
Der Ringenden auf Abgrundklippen;
Und wenn die kalte „Eins!" ergellt,
Sagt ihr die Zeit mit ehrnen Lippen:
„Du bist auf dich allein gestellt!"

# Anna Ritter

Anna Ritter wurde am 23. Februar 1865 zu Koburg geboren. Ihre ersten Kinderjahre verlebte sie in New-York, kehrte 1869 nach Deutschland zurück und besuchte in Kassel die Schule. Neunzehn Jahre alt, verheiratete sie sich mit dem Juristen Rudolf Ritter, um bereits nach fünfjähriger Ehe Witwe zu werden. Die Dichterin lebt in Frankenhausen am Kyffhäuser.

Gedichte 1898.

Befreiung 1900.

## Einsegnung

Ein schlankes Kind im schwarzen Kleide,
So geht sie neben mir dahin
Und trägt des Frühlings holde Rätsel
Noch ungelöst im jungen Sinn.

Sie lauscht dem Klang der Osterglocken
Und hält mit ihrer Kinderhand
Des lieben Gottes Vaterhände
In herzlichem Vertraun umspannt.

Und schreitet in das dunkle Leben
Wie in den Ostertag hinein
Und meint, es müsse ganz voll Sonne
Und Glockenklang und Liebe sein . . .

## Brautlied ·

Säumt mir des Lagers Linnen
Mit dunkler Rosen Zier,
Mit blühenden Gewinden
Umkränzt die niedre Thür
Und öffnet weit die Fenster,
Die S o n n e laßt herein:
Voll Licht soll meine Kammer,
Mein Herz voll Jauchzen sein.

Bescheiden ging mein Leben
In stillen Gründen hin,
Heut trag ich eine Krone,
Heut bin ich Königin!
In Freuden ihn zu grüßen,
Harr ich des Liebsten mein:
Voll Licht soll meine Kammer,
Mein Herz voll Jauchzen sein.

Wohl mag die Sorge kommen,
Der Sturmwind uns umwehn —
Nie soll er meine Seele
Verzagt und feige sehn,
Nie meinen Blick voll Thränen
Und meine Liebe klein:

Voll Licht soll meine Kammer,
Mein Herz voll Jauchzen sein.

Und küßt der Tod die Lippen,
Die heut dem Leben blühn,
Und bleicht er diese Wangen,
Die heut in Sehnsucht glühn —
Ich nehme, was mich tröstet,
Mit in das Grab hinein:
Voll Licht soll meine Kammer,
Mein Herz voll Jauchzen sein.

Hört, wie der Klang der Glocken
Mein bräutlich Haus umzieht,
Sie singen meiner Liebe
Ein jubelnd Hochzeitslied.
Eilt, Mädchen, ihm entgegen
Und laßt den Liebsten ein:
Voll Licht soll meine Kammer,
Mein Herz voll Jauchzen sein.

## Weihe

Ich liebe diese Form, die dich entzückt!
Die weiße Brust, an der dein Haupt gelegen,
Und diesen Nacken, den dein Arm umschlang.
Seit deines Kusses Wonne mich durchdrang,
Liegt's über mir wie ein geheimer Segen,
Ein Frühlingsglanz, der meine Glieder schmückt!

Ich liebe dieser Augen lichten Schein,
Seit sie, zwei Sterne, über dir gestanden,
Und dieser Stimme warmen vollen Klang,
Die deine Sehnsucht einst zur Ruhe sang!
Der Mund ist süß, den deine Lippen fanden,
Und diese Seele heilig, seit sie dein!

Die Liebe hebt mich über mich empor,
Daß ich mich selbst wie etwas Fremdes sehe
Und meine Schönheit trage wie ein Kleid,
Wie einen Schmuck, der deinem Dienst geweiht:
Der Sonne gleich, lockt deine liebe Nähe
Mich aus mir selber sehnsuchtvoll hervor.

# Wach auf, mein Lieb!

Fernab der Zeit liegst du in deinem Grabe
Und träumst und träumst,
Mich aber jammert es der schönen Tage,
Die du versäumst.

Mit roten Rosen kränz ich deinen Hügel —
Spürst du den Duft?
Dringt's nicht wie Sonnenglanz und Liebesodem
In deine Gruft?

Wach auf, mein Lieb! Willst du den Lenz ver-
                                        schlafen
Und seine Pracht?
Der kleine Vogel, den du liebst vor allen,
Singt jede Nacht.

Weiß ist mein Arm, und meine Lippen brennen,
Der Ampel Licht
Blitzt wie ein Sternlein durch das Kammerfenster —
Du siehst es nicht!

Die Sehnsucht kreist mir ruhelos im Blute,
Ach, daß du kämst
Und all mein Leid und meine große Liebe
An's Herze nähmst!

## Sturmlied

In Meerestiefen,
Auf altem Turm,
In Felsenhöhlen,
Da schläft der Sturm.

Die Haare fallen
Ihm in's Gesicht,
Die Glieder starren —
Er merkt es nicht,
Er schläft und schläft.

Da kommt von ferne
Verworrner Klang,
Wie Ächzen tönt es,
Wie Schlachtgesang.
In scheuer Eile
Zieht's schwarz herbei;
Dazwischen klingt es
Wie Jubelschrei:
       Hussah!  Hussah!

Hei, wie der Alte
Vom Boden springt!

Hell pfeift es, daß es
Die Luft durchdringt.

Er schwingt sich wild auf
Sein wiehernd Roß,
Und um ihn drängt sich
Der Wolken Troß,
        Hussah! Hussah!

Nun wahr dich, Erde,
Nun wahr dich, Meer,
In Lüften brauset
Der Sturm daher.
Nun beugt euch, Wälder,
Nun kniee, Saat,
Springt an, ihr Wogen,
Ein König naht!
        Heil! Heil!

Ihr Menschen, flüchtet
Und kriecht in's Haus,
Die Flammen löscht nun,
Die Feuer aus,
Daß nicht des Herdes
Geweihte Glut

Empört sich wende
Und zehr das Gut.
               Gnade! Gnade!

Die Höhen brausen,
Es wankt der Grund,
Die Glocken beten
Mit ernstem Mund:
Empor die Augen,
Der Sturm ist da —
In Sturm und Wetter
Der Herr ist nah!
               Hallelujah!

# Im Felde

Die Luft geht schwer.
Zittert ein seltsames Licht
Über die Felder her . . .
Grad, als ob's ein Gewitter wär . . .
Küsse mich nicht —
Wiegt sich die Weide dort
Her und hin,
Wackelt grad
Wie die Nachbarin.
Laß es die Alte
Um Gott nicht sehn,
Daß wir hier unten
Beisammen stehn!
Hat gar ein böses Maul,
Bringt's noch heute
Unter die Leute,
Zeigen sie mit den Fingern auf mich —
Sahst du, wie's eben vorüberschlich?
Mit heißem Atem
Und huschenden Schritten?
Hat eine braune Kutte an,

Einen Strick um die Mitten
Und zwei glühende Augen im Gesicht.

—  —  —  —  —  —  —  —  —  —  —

Küsse mich nicht! —
Ich wollt, ich wär erst zu Haus!
Ist keine Seele im Feld —
Alles so still und so dunkel und heiß —
Faß mich nicht an
Und sprich nicht so leis,
Komm lieber und laß uns gehen.
Ist mir doch bang, dich zu sehn,
Dich und dein bittend Gesicht —
Küsse mich nicht . . . ach . . .
Küsse mich nicht!

## Aufschrei

Blühend sein, und doch nicht leben sollen,
Mit der Sehnsucht noch, der heißen, tollen,
Vor der fest verschloßnen Thüre stehn —

Durstig sein, und doch nicht trinken, trinken,
Wenn die goldnen Freudenbecher winken,
Jeder Wonne scheu vorübergehn —

Lechzen, ach, nach seligem Genießen,
Und die trunknen Augen doch zu schließen,
Weil des Schicksals harter Spruch es will —

Darben, darben, wenn sich andre küssen,
Elend sein, und dennoch lachen müssen,
Immer lachen . . .

                 still, mein Herz, o still!

## Wenn die Not am größten ...

Empörte Wogen, vom Sturm zerwühlt,
Ein zehrend Feuer, das keiner kühlt,
So strömt's mir heiß durch die Adern hin —
Das macht wohl, daß ich so jung noch bin.

Und doch verlassen, und doch allein —
Herrgott, wie kömmt es denn anders sein!
Allüberall lockt die süße Lust,
Und trag doch auch keinen Stein in der Brust.

Wie oft, des Abends im Kämmerlein,
Ist's mir, als hört ich mein Herze schrein,
Als risse die Sehnsucht in meinem Schoß
Von allen Ketten sich keuchend los.

Behüt mich, Gott, vor der dunklen Nacht,
Wenn mir der Dämon im Blut erwacht! ...
„Die Kinder schlafen!" ... Ein Engel spricht's —
Ihr ewgen Mächte, nun fürcht ich nichts!

## An mein Talent

Du bist mein nachgeboren Kind!
Als einst das Glück aus meinem Leben
Hinweggegangen, hat es dich
Als letzte Freude mir gegeben.

Nicht froh hat dich mein Blick gegrüßt!
Ich mußte langsam mich versöhnen
Mit meinem Lose, Tag für Tag
An deinen Anblick mich gewöhnen.

Doch nun, da du den Weg erzwangst
Zu meinem letzten, wunden Lieben,
Nun schließ ich zitternd dich in's Herz,
Du Sonnenstrahl, der mir geblieben.

Mit meiner Seele Kraft und Glut
Will ich uns beid zusammen schweißen,
Und keine Macht und Not der Welt
Soll je dich mir vom Herzen reißen.

## Auf der alten Stadtmauer

Am alten Gemäuer das Treppchen hinan —
Nun, Märchendämmerung, nimm mich auf!
Es rauscht die Linde,
Es blinkt der Teich,
Und Abendwinde
Rühren so weich
Mich an . . .
Hier hat wohl Manche
Aus Lust und Streit
Sich hergeflüchtet
Im Abendschein,
Und ihre Seele
Flog meilenweit
In's Land hinein.
Und Sterne blühten
Am Himmel auf,
Und Träume stiegen
Vom Grund herauf,
Und Thränen sanken
Heiß auf den Stein —
O, Frauensehnsucht,
Wann schläfst du ein? —

338

# Thekla Lingen

Thekla Lingen wurde am 6. März 1865 in Goldingen (Kurland) geboren. Schon früh wandte sie sich nach Petersburg, um sich für die Bühne ausbilden zu lassen. Nachdem sie kurze Zeit öffentlich aufgetreten war, ward sie der Bühne durch die Ehe entzogen. Sie lebt in Petersburg, mit einem deutschen Kaufmann verheiratet.

Am Scheidewege 1898 (Zweite vermehrte Auflage 1901).

Thekla Lingen

## Ehe

Sie haben sich nichts zu sagen,
Sie sitzen still und stumm
Und hören die Stunden schlagen,
Die Langeweil geht um.

Die Liebe ist längst gegangen,
Und auch das Glück ist hin,
Und hin ist das Verlangen
Mitsamt dem Jugendsinn.

Mißmut sitzt ihm zur Seite,
Die Sehnsucht sitzt bei ihr,
Und traurig alle beide,
Ach, bis zu Thränen schier.

Keins bricht das tiefe Schweigen,
Kein Laut dringt in den Raum,
Nur schwere Seufzer steigen,
Verstohlen, hörbar kaum.

Und die Gewohnheit leise
Schwingt ihren Zauberstab
Und zwingt in ihre Kreise
Die beiden still hinab.

## Schwestern

Schilt nicht die reiche Frau,
Du armes Mädchen am Straßenrand,
Weil die beringte Hand
Sie prahlend trägt zur Schau —
Und neide ihr nicht die stolzen Rosse,
Die dich beflecken mit dem Schmutz der Gosse,
Sie trägt wie du die Last der Pflicht —
Ach, schilt sie nicht!

Und leert sie auch den Kelch der Freude
Bis auf den Grund,
Und lacht ihr Mund —
Sie leert ihn doch nur sich zum Leide!
Trinkt eitlen Schaum
Und sitzt im goldnen Gitterhaus
Und möchte doch so weit hinaus —
Träumt schweren Traum
Des Nachts auf seidenweichem Bette
Und rüttelt an der goldnen Kette,
Bis hoch die Sonne tagt . . .

Ach, schilt sie nicht!
Und trägt sie noch stolz ihr Angesicht,

Sie ist nur eine Magd im Kleid von Seide
Und hütet in der Freuden Mitte
Die Gänse der verlogenen Sitte
Auf dürrer Weide —

Ach, schilt sie nicht!

## Die Alte

Im Park, wo die Reichen spazieren,
Auf einer Bank
Saß eine arme Frau,
Müde und krank.
Es gingen und kamen
Geputzte Herren und Damen,
Lachten und plauschten,
Und die seidenen Röcke rauschten.
Die Alte saß, gekrümmt den Rücken,
Und sah ihnen zu mit stummem Nicken.
Ich schritt vorüber, sorglos, fein,
Und meine Schleppe hinterdrein
Fegte über raschelndes Laub
Und wühlte im Staub.
Und die Alte, eifrig und ohne Neid,
Sprach: „O, das schöne, das reiche Kleid!"
Da stieg in die Wangen mir jähe Glut,
Und plötzlich war mir so eigen zu Mut,
Und war mir mein reiches Leben leid,
Und war, als müßt ich zerreißen mein Kleid,
Als müßt ich auf immer dem Glanz entsagen
Und Elend und Not mit der Alten tragen!

# Ohnmacht

Du Ungeheuer,
Zehrend Feuer du!
Was streckst du lechzend deine Zunge aus?
Hinweg —
Ich will dir nicht zu Willen sein!
Sieh, wie sie locken mit den heißen Blicken,
Sieh, wie sie suchend ihre Finger spreizen,
Mit kundger Hand den Gürtel mir zu lösen —
Und siedend steigen Wünsche in mir auf!
Ich sinke hin,
Ich muß in Schmach vergehn . . .
O, welche Kraft hat dich mir eingegeben,
Und welche Macht hat Sünde dich genannt! —
Und ist's denn Sünde,
Was so heiß und mächtig
In meinen Adern nach Befreiung schreit —
Wohlan, Natur,
Dich ruf ich klagend an!
Was gabst du mir den Bau der schlanken Glieder,
Der Lippen Rot, des Nackens Lilienweiß,
Der Augen Leuchten und des Mundes Lächeln,
Ein Herz, das mit gewaltigen Schlägen pochend
In junger Brust vor Lust und Wonne jauchzt —

Wenn du mir nicht der Keuschheit kühles Siegel
Als stumme Wehr auf meine Stirn gedrückt! . . .
So muß ich trauern ob der reichen Gaben,
Die überfließend Gram um mich verbreiten,
Gleich jenem Trank, der perlenüberschäumend
Zur Lache ward auf reichbesetzter Tafel,
Den nimmersatten fliegen näschge Speise . . .
Du wußtest Maß zu halten nicht,
Du Weise —
Und dein Geschöpf soll weiser sein als du! . . .
So werf ich blutend meine Waffen hin,
Genug der Qual —
Ich will nicht stärker sein, als du mich machtest
Nimm deinen Sieg!
Schweigend knie ich nieder
Und beug mein Haupt und weine still —
Ein Weib . . .

## Zur Dämmerstunde war's —

Zur Dämmerstunde war's, zur schlimmen Zeit,
Und deine Rosen dufteten im Zimmer,
In's Fenster brach der letzte Abendschimmer —
Und meine Sehnsucht ging so weit.

Sie suchte dich — wie dufteten die Rosen!
Und lechzend barg ich mein Gesicht hinein
Und sog die süßen, süßen Düfte ein —
Wie fühlt ich deine Wünsche mich umkosen!

O kämst du jetzt, wie würde ich dich lieben! ...
Ich ging und sperrte weit mein Fenster auf,
O Lust! da kamst die Straße du herauf,
Von gleicher Sehnsucht zu mir hergetrieben.

Und wie im Traum blieb ich am Fenster stehn
Und nickte stumm — du stürmtest in das Haus,
Breitetest schweigend deine Arme aus — —
Es mußte sein — so ist es denn geschehen!

## Ohne Gott

O Liebſter, könnt ich dir gehören
Vor aller Welt ſo ſtolz und rein,
Dürft ich in Freiheit dir gewähren,
Was ich dir geb von meinem Sein.

Was ich dir geb an Leib und Seele,
Es hat ein anderer daran teil,
Und daß ich's jenem andern ſtehle,
Das wird uns nimmermehr zum Heil.

Ich muß der Wahrheit Tempel ſchänden,
In dem ich ſtets gebetet hab,
Und graben ſo mit eigenen Händen
Mir meiner ſüßen Liebe Grab.

Die anderen Frauen können ſchreien
Zu Gott in ihrer höchſten Not —
Ich kann mir ſelber nur verzeihen,
Ich gab mir ſelber mein Gebot.

## Mann und Weib

Du siehst den Schmerz nicht und die Thränen,
Das Zucken meiner Lippen nicht,
Du kannst dich frei und glücklich wähnen,
Wo mir das Herz vor Jammer bricht.

Du willst nicht meine Qual verstehen,
Nicht sehen, wie ich müde bin,
Mit dieser Last dahinzugehen,
Die du erträgst mit leichtem Sinn.

Du hast der Liebe Lohn bekommen,
Verrät es doch dein Siegerblick!
Ich hab das Kreuz auf mich genommen
Und trage blutend mein Geschick.

Dir ward der Liebe Lust gegeben
Und mir die Qual — denn ich bin Weib!
Ich gab in Schmerzen neues Leben,
Da du in Lust umschlangst den Leib.

## „Klopfet, so wird euch aufgethan!"

Siehe, ich steh vor deiner Thür,
Laß mich ein!
Siehe, ich bring meine Seele dir,
Sie ist dein.

Sieh meine Seele in großer Not,
Laß sie ein!
Laß sie nicht sterben den Hungertod,
Sie ist dein.

Siehe, sie bittet in heißem Flehn,
Laß sie ein!
Laß sie nicht bettelnd weitergehn,
Sie ist dein.

Gieb ihr in deinen Armen Ruh,
Laß sie ein!
Du bist ihr Herr und Meister, du,
Sie ist dein.

Laß sie nicht bettelnd weitergehn,
Laß sie ein!
Du wirst für sie vor dem Richter stehn,
Sie ist dein!! . . .

## Die Sünde

Wie ging sie mir lockend und lachend zur Seit,
Die Sünde in purpurrotem Kleid,
So lang, bis sie mich gefangen —
Dann wurde sie häßlich und frech und kahl
Und ist, als sie mir den Frieden stahl,
Hin zu einer andern gegangen.

Dort fängt sie ihr Handwerk von neuem an,
Legt trügend die gleißenden Kleider an
Und leuchtet wie tausend Sonnen —
Ich seh sie von Seele zu Seele gehn
Und kann sie nicht halten, es muß geschehn,
Ihr furchtbar Spiel ist gewonnen.

Und ihr zur Seite, ein Schatten treu
Und unzertrennlich — das ist die Reu!
Vor der giebt es kein Entrinnen —
Sie wird dich finden beim Schlafengehn,
Des Morgens an deinem Bette stehn,
Mit dir den Tag zu beginnen.

## Schlummerlied

Zur Ruhe, mein Herz, zur Ruh,
Schließ deine Augen zu,
Sind schon so müd und rot und heiß
Von Thränen, die doch niemand weiß
Als ich, mein Herz, und du —
Schließ deine Augen zu.

Schlafe, mein Herz, schlaf ein —
Siehst du den silbernen Schein,
Siehst du den großen, den stillen Stern?
Er hat die müden Herzen so gern,
Schlafe, mein Herz, schlaf ein
In seinem silbernen Schein.

Stille, mein Herz, sei still,
Hör, was ich singen will —
Ich weiß einen Schatz so wunderschön,
Den wollen wir beide suchen gehn —
Stille, mein Herz, sei still,
Hör, was ich singen will.

# Geschichten

Wenn es schummert und im Kamin
Die roten Scheite knistern und glühn,
Trippeln drei zierliche Jungfräulein
Zur Mutter in die Stube hinein
Zum Plauderstündchen:
Drei Plappermündchen,
Drei nichtsnutzige Trutzelköpfchen
Mit blonden Zöpfchen.
Schnell findet ein warmes Eckchen man,
Zwei schmiegen sich zur Seite an,
Nesthäkchen auf den Schoß,
Und nun geht's los:
Und Mütterchen dies — und Mütterchen das,
Und Mütterchen, erzähl uns was! —
Dann werden die schönsten Geschichten ersonnen
Und Märchen gesponnen!
Aber am schönsten ist doch zu streiten,
Wie es sein wird in späteren Zeiten,
Wenn unsere drei Jungfräulein
Werden drei große Damen sein.

Und die erste spricht:
„Sieben Kinderlein möchte ich haben,

Und thäten sie meinen Mann begraben,
Dann bliebe ich ganz allein
Mit meinen sieben Kinderlein,
So verlassen und arm,
Daß Gott erbarm!
Weit draußen im Wald,
Da wär es so schaurig, dunkel und kalt —
Hu! Und ich so ganz allein
Mit meinen sieben Kinderlein!"

Und die zweite:
„Sieben Kinder — ei,
Das gäbe mir zu viel Geschrei!
Aber zwei könnten es sein,
Prinz und Prinzessin fein;
Und dazu einen reichen Mann,
Der zieht uns schöne Kleider an,
Und wir schlafen auf seidenen Kissen
Und essen täglich Leckerbissen
Und süße Speisen
Und können reisen —
Weit — weit!"

Nesthäkchen aber, das schweigsam war,
Erhebt zur Mutter das Sternenpaar

Und spricht mit zuckender Lippe dann:
„Ich will keine Kinder und will keinen Mann,
Ich möchte gerne immer klein
Und immer bei meinem Mutterchen sein!"
Eine Weile ist alles stumm,
Dann heißt es schüchtern: „Na, du bist dumm!"
Und dann, wie um eine Schuld zu entrichten:
„Das sind ja alles nur Geschichten!"

## Mutter

Kind, als du klein warst,
Schien mir hart mein Los —
Du gabst mir Schmerz,
Du drücktest meinen Schoß!

Nun, da du groß bist,
Wuchs mit dir mein Schmerz —
Mein großes Kind,
Wie drückst du mir das Herz!

Margarete Bruns

Margarete Bruns wurde am 24. September 1873 in Minden (Westfalen) geboren. Seit 1899 ist sie mit dem Schriftsteller Max Bruns verheiratet. Sie lebt in Minden. Die Lieder eines werdenden Weibes 1900.

# Märchen

Drei verwunschene Königskinder spielen im grünen
                                        Klee,
Unter lachendem Himmel,
Am sonnigglitzernden See,
Plaudern mit den plätschernden Wellen,
Haschen nach den bunten Libellen,
Schneiden sich Flöten aus Weidenrohr
Und blasen den horchenden Störchen
Ein Märchenliedel vor.

Eine nur sitzt still und ferne den andern,
Läßt den träumenden Blick in leuchtende Weiten
                                        wandern;
Sonne schimmert auf ihrem Haar
Und ihrem schwellenden Brüstepaar,
Und die Lippen glänzen ihr rot und voll —
Die wartet auf den Königssohn,
Der sie erlösen soll . . .

## Auf Umwegen

Dort fern am Berge winkt dein Haus
Und lockt so lieb und winkt so blau
Und winkt und winkt mich weit hinaus —
Ich weiß den schmalen Pfad genau.
Doch eine Pappel steht davor;
Die reckt so warnend ihre Zweige
Starr in die schwüle Luft empor,
Daß ich mich scheu in's Kornfeld schleiche!

Mit hastger Hand rupf ich zum Strauß
Die Raden, die am Raine stehen —
Zupf ihre weichen Blätter aus
Und lasse sie im Wind verwehen . . .
Und von der Seite blick ich schnell:
Sieh, durch die gelben Aehrenwogen
Winkt mir dein Haus, so nah, so hell —
Bin zitternd querfeldein geflogen!

## Gefahr

Schwer atmend bebt der Fichtenhain.
Am Waldesrande wir allein —
Weit alles still, kein Vogel ruft,
Die Wolken ballen sich wie Rauch,
Schwül geht die Luft,
Noch schwüler geht dein Hauch.

Wie's über'm Berge finster droht!
Wie's bläulich durch die Lüfte loht!
Schon hat die Sonne sich versteckt,
Das dumpfe Donnergrollen weckt
Ein Echo weit im Walde.

In deinen Augen züngelt blau
Und flackt der Blitze Widerschein —
Am Waldesrande wir allein,
Und drohend wächst die Wolkenwand,
So eigen fiebert deine Hand —
Nein, nein, du! Komm nach Haus!

## Mädchenlied

Von deinem heißen Kusse
Zittert noch mein Haar,
Mir ist noch wie im Traume:
Fremd und wunderbar.

Du machst mich ganz zum Weibe,
So stolz und frei:
An deinem Halse lernt ich,
Was Liebe sei.

Du machst mich ganz zum Kinde,
So jung und rein:
Ich weiß von keiner Sünde,
Seit ich dein.

In dunkler Sommerreife
Glänzt heute Feld und Flur,
Ich sitze still und träume
Von deiner Güte nur.

Und weich wie deine Hände
Streichelt die Sonne mein Haupt —
Nimmer, nimmer hätt ich
An so viel Liebe geglaubt!

## Sicheres Glück

Es dunkelt schon.
Im Felde neigt sich der welkende Mohn,
Weiß kommt es herauf von den Wiesen —
Wir gehen schweigend Hand in Hand
Und sehn das stille, ernste Land
In Dämmergrau zerfließen.

Fern flirrt noch ein winziges Bauernhaus —
Nun lischt auch dort das Lämpchen aus,
Kein Licht glimmt mehr auf Erden.
Die Nacht kriecht schwarz und schwer heran —
Doch tief in unserm Herzen kann
Es nie mehr dunkel werden!

## Straßenbild

Aus rauher Kehle pfeift der Ost
Durch schneegestampfte Gaffen,
Da stehen bebend in hartem Frost
Vier Musikanten und blasen.

Die Züge grau und verwittert,
Wie sie nur das Elend kennt;
In blauroten Händen zittert
Das gelbe Instrument.

Es tanzt die alte Weise
In stolperndem Takte vor;
Die müßigen Gaffer im Kreise
Hören mit halbem Ohr.

Ein armseliger Kupfer rollt
In die Mütze, die hingehalten;
Doch wie der Trupp von dannen trollt,
Da hüllt die Sonne in lauter Gold
Die vier zerlumpten Gestalten.

# Margarete Beutler

Margarete Beutler wurde am 13. Januar 1876 als Tochter eines Offiziers geboren, in einem pommerschen Städtchen nahe der Ostsee. Um sich auf eigene Füße zu stellen, machte sie das Lehrerinnenezamen. Sie verließ das Elternhaus und rang in harter anstrengender Arbeit um ihr Leben. Sie lebt jetzt in Berlin. Ihre Gedichte sind bisher noch nicht in Buchform erschienen.

## Die Kommenden
(Aus dem Norden Berlins)

Ein Kinderplatz, mit Sand und Ruß bedeckt,
Von kläglich blassem Strauchwerk eingeheckt —

Da wächst es auf, das kommende Geschlecht,
Das einst — vielleicht! — der Mutter Thränen rächt.

Da baut es ahnend sich ein hartes Ziel —
Das Leben reicht ihm Steine überviel!

Und — es ist närrisch — ob dem Geisterbau
Des Himmels zärtlichstes Septemberblau ...

Von dieser breiten Kinderstirne spricht
Ein schwarzes Trotzen: „Und ich weiche nicht!

Ich weiß schon längst, was in der Welt so Brauch,
Und wie es Vater macht, so mach ich's auch.

Mein Haß den Fetten an die Gurgel springt,
Bis mich einmal der blutge Strom verschlingt."

... Dies Mädchen! Wie ihr keck die Zunge geht —
Sie sprach wohl nie ein Kindernachtgebet!

Noch trägt sie unbewußt ihr Lumpenkleid —
Wie lange noch, dann kommt auch ihre Zeit,

Dann schlingt sie schmutzge Bänder sich in's Haar
Und bietet lachend ihre Reize dar.

Und ein paar Jahre roher Lust, dann hat
Der Tod sie lieb auf sündger Lagerstatt . . .

. . . Wie jener Knabenmund so schmerzlich ist! —
Ach, wenn ihn niemand als der Hunger küßt . . .

Die Mutter wusch, bis sie zum Tode krank,
Und als sie starb, da sprach sie: „Gott sei Dank!"

Ein altes Weib erstand den Knaben sich,
Doch sie ist hart und arm und wunderlich.

Für ein Stück Brot in Morgennebelstund
Läuft er sich Tag für Tag die Füße wund,

Und Tag für Tag saugt von den Lippen ihm
Den Heimatsegen seines Cherubim.

Sein Engel schläft — und Engel schlafen fest —
Kein Kinderjammer, der sie wachen läßt! —

Wie wildes, fruchtlos starres Binsenrohr
Wächst so Geschlecht hier für Geschlecht empor —

Und jeder Mai entlockt dasselbe Laub
Den magern Sträuchern — blaß, bedeckt mit Staub.

Weit — weit davon predigt die Sonnenpracht:
„Ich bin das Licht, das alle glücklich macht!"

# Die alte Lehrerin

Sie sprach mich an — um uns ein Wirbelwind,
Sie hüstelte: „Wie Sie doch glücklich sind!
So stark bewußt — ein rechtes Sonntagskind!"

Ich wollte sagen: „Nun, so macht mir's nach!
Reibt euch die Augen, werdet endlich wach!
Die Zeit ist da — und soviel Feld liegt brach.

„Und soviel Freude will genossen sein!
Thut ab das giftge Kleid der Sehnsuchtspein
Und wachst hinein in meinen Sonnenschein!"

Und sah zur Seite — trippelnd, scheu gebückt,
Den alten Hut mit buntem Tand geschmückt,
Den Kneifer vor die Augen fest gedrückt —

So war sie neben mir, fast lächerlich . . .
Ach, diese blinden Augen barmten mich!
Um ihre Lippen gruben Runen sich —

Die sprachen von verwachter Nächte Qual,
Von einem ewig kargen Lebensmahl,
Und Selbstbetrug — und toter Tage Zahl.

So ging sie ihren langen Dornengang,
Weil nie ein Weckruf in ihr Denken drang,
Und nun ist ihre Kraft zerwühlt und krank.

Wenn jetzt der Sturm noch in ihr Sinnen bricht,
So trägt er es zu goldner Höhe nicht,
Denn ihre Seele starb dem Sonnenlicht . . .

Ich sagte still: „Ach, das ist auch nicht so,
Nicht immer bin ich stolz und schaffensfroh,
So manche Garbe ist nur leeres Stroh —"

. . . Um eine Ecke fegte uns der Wind,
Sie aber sah mich an: „Sie Sonntagskind,
Du lieber Gott, wenn S i e nicht glücklich sind . . ."

# Verloren

Warum, arme wilde Schwester,
Durft ich dich nicht eher kennen
Und in's Herz dir meiner Milde
Süße Zauberformel brennen?

Warum, schöne wilde Schwester,
Durft ich dich nicht eher betten
An mein Herz und deiner Seele
Ein geheimes Saatkorn retten?

Dein geblieben wär der Glaube
An des Mannes Kraft und Güte,
Und aus ihm emporgetrieben
Wär der Liebe Wunderblüte . . .

Duftlos brennt dein junger Garten
An der Sünde breiten Thoren —
Arme Schwester, nun für immer
Ist dein bestes Teil verloren.

Und vergebens spricht mein Mund dir
Von der Liebe Märchenmächten —
Ach, du träumst an meiner Seite
Nur von künftgen wilden Nächten.

# Schwester, komm mit!

Schwester, komm mit!
Deine Hände sind zart und schlank —
Mir ist um dich so bang —
Schwester, komm mit!

Ob dich der Schlamm geboren,
Ob dich das Laster fand
Noch an der Kindheit Rand,
Ob dich die Not erkoren —
Ich will nicht fragen.
Mein Stübchen ist friedvoll rein,
Da sind wir beide allein,
Und ich will dir Liebes sagen —
Ich will dich Schwester nennen
Um der Sehnsucht willen,
Die wir alle kennen —
Ich bette dein Haupt in meinen Schoß
Und spreche dich aller Sünde los.
Du sollst rein
Diesen kurzen Abend sein
Um meiner Sehnsucht willen —
    Schwester, komm mit!

# Und doch . . .

Hier ist es still an meinem dunklen Teiche,
Den nur der Mondfrau blasser Schleier streift,
Und ich bin Fürstin diesem Abendreiche,
In das kein fremdes Menschendenken greift —
Und ich befehle meinem dunklen Teiche,
Und ich befehle seinen lauen Fluten,
Daß sie mich tragen, ihre Königin!
Sie tragen mich zu meiner Insel hin,
Da blühen aus dem Schilfe Blumenkronen,
Die einsam auf den hohen Stielen thronen
Und Blütenstaub aus matten Kelchen bluten,
Und zwischen meinen Blumen will ich liegen
Und meinen Leib an's starre Schilfgras schmiegen.

Die Mondfrau hüllt mich ein in bleiche Strahlen,
Ich steh im Schilf — es leuchten meine Glieder
Mir aus dem dunkelfeuchten Spiegel wieder,
Und hundert Sterne tauchen um mich nieder
Und blühn empor aus violetten Schalen.
Kühn lebt mein Heute, müde schläft mein Gestern —
Mich trennen Welten jetzt von meinen Schwestern!

Allein in meinem schweigenstarken Eden,
Ich sehne mich nach heißen Liebesreden.

Ich sehne mich nach einem wilden Sehnen,
Ich sehne mich nach schwachen Mädchenthränen,
Ich sehne mich nach roten Sonnenküssen —
Und weiß, mein Leib wird daran welken müssen...

Es wird ein Schatten in mein Dasein treten,
Der Schatten weiß von weiten Königsrechten,
Der Schatten wird sich um mein Dasein flechten,
Der Schatten wird mir Leib und Seele knechten,
Und meine Sinne werden zu ihm beten,
Und meine Seele wird ihn herrschen lassen —
Doch meine arme Seele wird ihn hassen.

## Vor Sonnenaufgang

Wie die Wolken über die Berge laufen!
Die Sonne will sie mit Feuer taufen —
Wenn nur die Sonne bald käme
Und alle die Nebel unten vom Thal
Und Zweifel und Wirren allzumal
Von sehnenden Seelen nähme!

Marie Madeleine

Marie Madeleine (Baronin von Puttkamer) wurde am 4. April 1881 in Eydtkuhnen geboren. Ihr Vater war ein russischer Fabrikbesitzer, ihre Mutter deutsch. Die Familie siedelte später nach Berlin über, wo Marie Madeleine bereits im Alter von funfzehn Jahren ihre Gedichte in verschiedenen Zeitschriften zu veröffentlichen begann. Seit Sommer 1900 ist sie mit dem General Baron Heinrich von Puttkamer verheiratet. Sie lebt in Kolonie Grunewald bei Berlin.

Auf Kypros 1900.

# Über meiner Jugend

Über meiner Jugend
Lastet so schwüle Glut.
Ich bin so müde.  Ich sehe
Niemals die Sonnenflut.

Ich bin so müde.  Ich höre,
Ich höre zu jeder Zeit
Schluchzende Stimmen.  Die singen
Das alte Lied vom Leid.

Allüberall nur Sterben,
Brunst und Lüge und Not.
Die schauernde Welt überflutet
Und erstickt von trübem Rot.

Aber die Sünde, die Sünde
Tanzt ihren Siegestanz.
Die weißen Hüften umflutet
Des Mantels Purpurglanz.

Ein roter Herrschermantel,
Und er leuchtet wie dunkles Blut —
Über meiner Jugend
Lastet so schwüle Glut.

## Das Königslied

Weiß nicht, warum ich dürsten soll
In atemlosem, bangem Lauschen,
Wenn so viel tausend Ströme rauschen
Am Tag und in der schwülen Nacht.

Mir klingt im Ohr das Königslied,
Das Königslied der großen Fluten,
Und meine Lippen stehn in Gluten —
Weiß nicht, warum ich dürsten soll.

### Ich war so wild

Ich war so wild und hab so viel geküßt
Und wußte doch nicht, was die Liebe ist.

Und seit mein Mund auf deinen Lippen lag,
Bist meine Sehnsucht du bei Nacht und Tag.

Ich liebe deiner Stimme müden Ton;
Mir ist, ich suchte dich so lange schon.

Mir ist, ich suchte dich mein Leben lang
Wie eines Liedes halbvergeßnen Klang,

Das sehnsuchtsvoll durch meine Seele bebt,
Ein Leben kündend, das ich einst gelebt.

## Komm mit!

Wandergesell! Gieb mir stille die Hand
Und komm mit mir in das weite Land,
Wo das Herzeleid und die Sehnsucht wohnen,
Drin schweren Herzens weilen die andern,
Die gleich uns beiden zur Sonne wandern,
Auf müden Häuptern die Dornenkronen.

Komm mit mir an die dunklen Seen,
Über die flüsternde Winde wehen,
Die mit heißem Atem die Knospen küssen,
Die roten Knospen in allen Bäumen,
Die von dem ewigen Lichte träumen
Und vor dem Blühen welken müssen.

Komm mit mir an die dunklen Seen,
Komm mit! Wir müssen zusammen gehen;
Wir tragen beid auf der Stirn das Zeichen
Von jenen, die in dem Lande wohnen,
Auf müden Häuptern die Dornenkronen,
Und sterben, eh sie die Höhn erreichen.

## Notturno

Ich habe in mein dunkles Haar
Einen Kranz von weißen Rosen gedrückt.
Ich bin so schön, wie ich niemals war —
Zum Opfer hab ich mich geschmückt.

Es steht mein Mund in rotem Brand,
In meinen Augen träumt ein Licht;
Zu Boden gleitet mein Gewand —
Ich warte! Warum kommst du nicht?

Und willst du, daß ein andrer kühlt
Die Glut, die du in mir entflammt,
Und daß ein andrer zittern fühlt
Meiner jungen Glieder weißen Sammt?

Und sollen eines andern sein
Die Blüten, die ich dir geweiht?
Ich starre in die Nacht hinein,
Und meine Seele schluchzt vor Leid . . .

## Regen

Ein Regentag! Es rieseln graue Tropfen.
Ich hör sie leise an die Fenster klopfen.

Wie Thränen hängen sie an allen Bäumen.
Still klingt ihr Flüstern in mein müdes Träumen.

Und es erblühn in dunklen Seelentiefen
Die süßen Töne, die so lange schliefen,

Die ich verloren glaubte und vergessen,
Weil ich viel wilder Lieder mich vermessen.

Wo sind sie jetzt? — An's Fenster schlagen Tropfen.
Ich höre nichts als meines Herzens Klopfen.

Und jenen ersten Liedes leises Tönen
Mit seinem grenzenlosen, tiefen Sehnen,

Mit seinem unverstandenen Verlangen,
Mit all dem Schmerz, der nie zur Ruh gegangen.

Ich höre nichts als meines Herzens Klopfen —
An's Fenster schlagen müd die Regentropfen.

## Ende

Das aber ist das Ende allen Sehnens,
Das ist der großen Flamme letztes Glühn:
Das müde Haupt Marieen Magdalenens
Auf deinen Knien! . . .

# Inhaltsübersicht

388

392